153

TORFAEN LIBRARIES
WITHDRAWN

Book No. 1535780

CADW GOLWG

DIC JONES

Gwasg Gwynedd

Argraffiad Cyntaf — Tachwedd 2005

© Dic Jones 2005

ISBN 0 86074 224 5

Cedwir pob hawl. Ni chaniateir atgynhyrchu unrhyw ran o'r cyhoeddiad hwn na'i gadw mewn cyfundrefn adferadwy na'i drosglwyddo mewn unrhyw ddull na thrwy unrhyw gyfrwng, electronig, electrostatig, tâp magnetig, mecanyddol, ffotogopïo, nac fel arall heb ganiatâd ymlaen llaw gan y cyhoeddwyr Gwasg Gwynedd, Caernarfon.

Diolch i'r cylchgrawn *Golwg*,
lle'r ymddangosodd y cerddi gyntaf

TORFAEN COUNTY BOROUGH	BWRDEISTREF SIROL TORFAEN
1535780	
Bertrams	03.08.07
W891.661	£5.95

*Cyhoeddwyd ac argraffwyd
gan Wasg Gwynedd, Caernarfon*

Cynnwys

Marw Cymydog • Cwyn Sinig yn y Senedd	9
Arian Bath • Sgadan	10
Yr Iawn • Ar Ben Waun Tredegar	11
Newyddion Mawr y Dydd • Carol Fodern	12
Gŵyl • Democratiaeth	13
Dau Gi Bach	14
Endeavour	15
Ffarwél i Wilym Owen	16
Columbia • Llechen ar Daith	17
Win or Lose, We Like the Booze	18
Gardd	19
Cwestiwn • Rhyfel	20
Gelyn	21
Ambiwlans yr Awyr	22
Cenhadon y Gwanwyn • I eilio Cerdd Menna Elfyn i Rodri Morgan wythnos yn ôl	23
Twtsh o'r Haul	24
Sbarion Meifod: Yn y Babell Celf a Chrefft • Mathrafal	24
Newyddion Mawr y Dydd	25
Dwy Frenhines • Yr Ymgeisydd Aflwyddiannus	26
Gwelwyd Jac Morris, naw oed, o'r Borth, a'i Jac-y-Do dof ar deledu	27
Croeso • Y Lecsiwn Arall	28
Everest • Irac Wedi'r Drin	29
Colli'r Bws • Cynhadledd Wleidyddol	30
Nodion o'r Newyddion	31
Parti'r Prins	32
Gan Bwy y Ceir y Gwir? • Newyn	33
A Oes Heddwch?	34
Marw David Kelly • Bob Hope • Ymchwiliad Hutton	35
Dau Fardd • Arweinyddiaeth	36
Tafol Cyfiawnder	37
Mintai Hapus Mewn Tipi	38

'Gwêl Uwchlaw...' • Chwerthin	39
Cywirdeb Gwleidyddol	40
Y Ffeit Gyntaf • Waliau	41
Concorde • Ymchwiliad	42
Llongau • Ymateb i Erthygl yn y *Western Mail*	43
Baled Swansea Jac	44
Gwerthoedd	45
Newid y Giard • Cwpan Rygbi'r Byd	46
Drudwy	47
Y Baco Gwyrthiol	48
I Ron Aberaeron • Dwi Isho Bod yn Gymro	49
Adlais o 'Coed Glyn Cynon'	50
4.33. Y Gân ni Chanwyd	51
Moderneiddio	52
Llanfyllin Lady	53
Marw Bonheddwr • Arwyr Cymru	54
Dim Smygu	55
Mae deiliaid cartref henoed Tŷ Waunarlwydd yn dysgu trin y Rhyngrwyd	56
There's an age of difference between us.	57
Adroddiad Comisiwn Richard	57
Traeth y Bermo • Lliw	58
Deuoliaeth y Tŷ Crwn	59
Decpunt-ar-hugain y Pen • Erin	60
Shrek • Mis Bach •	61
Siôn Corn • Crib Fân	62
Celwydd • Danse Macabre	63
Rhosyn Glas	64
Dangos y Fflag	65
Y Ras • Pobol Eraill	66
Prawf Dant	67
Teulu • Pluen • Pardwn	68
I Goffáu Richard Rees • Cymodi	69
Y Tân Cymreig	70
Cwmni • Pla	71
Englynion y Dydd Casnewydd: Y Siartwyr • Dudley • Diwygiad • Bocs Sebon	72
Y Rhybudd Diweddaraf • Storom Awst	73
Y Pwndits • Marathon	74

Waldo • Dwrn	75
Gadewch i blant bychain…	76
Y Bae	77
Ewrostat	78
Tanni Gray-Thompson • Y Nawfed Ton	79
Silibods a Walabi • Rhesymeg yr oes yma	80
Dubya'n gwneud y dwbwl • Ar y Sgrîn	81
Cofeb • Ellen MacArthur	82
Cornicyllod • Tywel	83
Ffan • Y Dyn Piano	84
Hen Fardd • Meibion Darogan	85
Stori Llwyddiant • Bu Farw Ifor Owen	86
Brawdoliaeth	87
Hen Wirebau • Michael Jackson	88
Teisen i'r Tywysog • Diwrnod i'r Brenin?	89
Elusen • Sgwbidws	90
Mae'n rhaid ei bod hi'n wanwyn	91
Polîs Iaith	92
Canwr y Byd • Coffi a The	93
Angladd Gwleidydd	94
Clywsom fod canu mewn côr yn iachusol	94
Beth sydd mewn enw?	95

Marw Cymydog

Mae ambell un ym mhob llan – yn dawel
A diwyd ymhobman,
A'r rhwyg, pan ddaw'r bedd i'w ran,
Yn fwy nag ef ei hunan.

O fewn yr encilfannau – y gwenodd
Ei gannwyll ei golau,
Heb ei weld gan gewri'r bau –
Hyd nes ei weld yn eisiau.

Cwyn Sinig yn y Senedd
(O glywed am y sgandalau diweddaraf.)

Mae rhai mewn llywodraethau'n rhoi eu ffydd –
Eu bod nhw yn gweithredu er ein lles,
A'u dawn a'u llwyr ymroi o ddydd i ddydd
Yn dwyn y byd delfrydol i ni'n nes.
A bod y rhai y rhoesom iddynt hawl
Ein pleidlais ddoe yn mynd i'n gwarchod ni
Rhag canlyniadau ein ffaeleddau diawl
Ein hunain – anffyddlondeb, chwennych bri,
Rhagrithio a thwyllo yn wyneb duw a dyn,
A bod o eiddo eraill yn rhy ffond,
Neu arfer grym i gael ein ffordd ein hun
Ar draul eneidiau diniweitiach.
      Ond,
Rhwng ffars yr arholiadau, cyri poeth,
Irac ac Archer, a yw hynny'n ddoeth?

Arian Bath

*(Honnir bod rhai pobl yn alergaidd i'r metel
sy yn y darn dwy sent o'r arian Ewro.)*

Gochel y ddwysent felen – o arian
Ewro yn dy goden,
'Waeth nid yw hi'n llenwi'i lle'n
Rhy wych – mae'n magu crachen!

Sgadan

*(Am y tro cyntaf ers llawer blwyddyn
dychwelodd yr heigiau sgadan i Aber-porth.)*

Fore Sul yn gynnar – galwad ffôn
Bod rhywun wedi clywed rhywrai'n sôn
Am gwch bron iawn yn methu dod i dir
Gan drymed oedd yr helfa. 'Oes yn wir –
I lawr ar Draeth y Dyffryn – rhwydi'n llawn
Sgadan fel slawer dydd.'

                A buan iawn
Yr oeddem dan Benbontbren yn un haid
Yn disgwyl – fel ein teidiau gynt mae'n rhaid –
Yr arian llathr oddi ar y we
I lenwi'n cydau, cyn ein troi tua thre
Ac oglau wynwns ffrio'n codi'n gry'
O'r odyn hyd y Sgwâr, o bob ail dŷ.

Mae'r sgadan eto'n ôl yn Aber-porth
Eleni, a'r 'ddau fola ym mhob corff'.

Yr Iawn

*(Cafodd un wraig iawndal gan gwmni awyrennau
am nad oedd digon o le iddi yn ei sedd.)*

Yn wir, caet gompo bach nêt – i leihau
Dy loes pe dymunet,
Os wyt yn nesaf at sêt
Menyw dew sy'n mo'yn dwysêt.

Ar Ben Waun Tredegar

*(Collodd y fyddin danc [plastig] yn y storm
yr wythnos ddiwethaf.)*

Ar ben Waun Tredegar ger cofeb y cawr,
Ar ben Waun Tredegar mae'r fyddin yn fawr,
Ar ben Waun Tredegar gadawyd y tanc
Ar ben Waun Tredegar yn rhwym wrth y stanc.

Ar ben Waun Tredegar, fel 'rhen dduwiau gynt
Mae ysbryd Aneurin yn gwahodd y gwynt
I yrru'r taranau i rwygo drwy'r nen
Ar ben Waun Tredegar mewn sbort am ein pen.

Ar ben Waun Tredegar daeth storm dros y drum
I ddangos i fyddin ein gwlad beth yw grym,
A chwythwyd ei thegan fel deilen drwy'r ne'
Ar ben Waun Tredegar na ŵyr neb i ble.

Ar ben Waun Tredegar bu chwilio yn hir
Ym mhle'r oedd y tanc wedi dyfod i dir,
Efallai ei fod wedi hedfan bob cam
O ben Waun Tredegar i ymladd Saddam.

Newyddion Mawr y Dydd
(Paul Burrell, bwtler Diana.)

Fe glywsom fygwth bomio – ar bob awr,
A Burrell a mwrdro
A phleidiaeth, ac aeth dros go'
Alanas San Guilliano.

Carol Fodern

(Roedd Pwyllgor Cynllunio yn Sir Gaerhirfryn am wrthod caniatâd cynllunio i Wendy House a gafodd rhyw blentyn gan Santa Clôs, ond bellach newidiodd ei feddwl.)

Roedd gen i dipyn o dŷ bach twt, o dŷ bach twt, o dŷ bach twt.
Roedd gen i dipyn o dŷ bach twt ar fore Dydd Nadolig.
Hei di ho, di hei di hei di ho, ar fore Dydd Nadolig.

Agorais dipyn o gil y drws, o gil y drws, o gil y drws.
Agorais dipyn o gil y drws i chware yno'n ddiddig.
Hei di ho, a.y.y.b.

Ond nid oedd gennyf fi ganiatâd, dim caniatâd, dim caniatâd.
Ond nid oedd gennyf fi ganiatâd yn ôl y bobol bwysig.
Hei di ho, a.y.y.b.

Y Cyngor am ei dynnu 'lawr, ei dynnu 'lawr, ei dynnu 'lawr.
Y Cyngor am ei dynnu 'lawr, fy nhŷ bach gwynfydedig.
Hei di ho, a.y.y.b.

Ond bellach maen nhw'n maddau 'mai, yn maddau 'mai, yn maddau 'mai.
Ond bellach maen nhw'n maddau 'mai, a dyna i chi galennig!
Hei di ho, di hei di hei di ho, a dyna i chi galennig!

Gŵyl
(Sioe ganmlwyddiant y cobiau Cymreig yn Aberaeron.)

I gae'r Sgwâr ar wresog hin
Y tyrrodd plant y werin
I ben-blwydd canmlwydd y cob,
Seren holl bonis Ewrob.

Cesig gosgeiddig eu gwedd
A heini feirch sidanwedd
Yn chware'r peder pedol
Yn arian byw bron i'w bol
Yno, a'u prancio'n parhau
Rhamant gogoniant gynnau,
A hawlio 'mhlith yr aliwn
'Y tair C pia'r tir hwn'.

Democratiaeth

A Pheilat a ddwedodd, 'Mynegwch i mi
Pa un o'r rhain a ollyngaf i chwi.
Ai Barabbas, y lleidr a ysbeiliodd eich tai,
Ai'r Iddew hwn na chaf ynddo ddim bai?
Ymgynghorwch â'ch gilydd – mae cael barn y bobl
Wrth rannu cyfiawnder yn arfer nobl,
A medraf finnau o'm cyfrifoldeb
Olchi fy nwylo mewn cymedroldeb.'

A henuriaid y bobl a'r archoffeiriaid
A chwiliodd y dyrfa am eu cynghreiriaid,
Gan annog pawb yno i godi ei lef
Yn uchel a gweiddi, 'Croeshoelier ef'.
Fel na fyddai'r rheiny a anghytunai
I'w clywed gan Beilat, hyd yn oed pe dymunai.
Ac o'r dydd hwnnw mynegi a wnawn
Fod barn y mwyafrif bob amser yn iawn.

Dau Gi Bach

(Tri, a dweud y gwir, ond byddai hynny'n sbwylio'r gân.)

Dau gi bach yn mynd i'r Park
Gyda Missus-Unwaith-Mark.
Dau gi bach y Prinses Roial
Yn gwneud tipyn bach o sgandal.
Dau gi bach.

Dau gi bach yn rhedeg bant,
Codi ofon ar y plant.
Dau gi bach yn rhoi eu meistres
Yn yr uchelwrol botes.
Dau gi bach.

Dau gi bach yn gwrando dim
Arni hi na Dashing Tim.
Dau gi bach yn warth i'w perchen
Wedi cachu ar y gambren.
Dau gi bach.

Dau gi bach o flaen y Llys
Rhwng ynadon a'r polîs.
Dau gi bach yn dyfod adre
Wedi costio mil o bunne.
Dau gi bach.

Endeavour
(*A suddodd ger arfordir Portugal.*)

'Dyw'r byd wedi dysgu dim,
Ni wrendy ar yr undim.
Ac mae Sbaen wedi'i staenio
Yn dew â glud gwaed y glo,
A'r olew'n dew ar y don,
Yn dew ar greigiau duon,
A hagrwch di-gwch i gyd
O fro farw yw'r foryd.

A aeth briw trafferth y Braer
A hafog Penfro'n ofer,
A'r lleill? Hyd pryd y parhâ
Ein hwylwyr ysgafala
A'r tinceriaid tanceri
I ddwyno ein moroedd ni?

Ond mae trêd yn dywedyd
Na ddaw byth i foroedd byd
Lanhâd tra bodlonwn i
Elw'r olew reoli.

Ffarwél i Wilym Owen

Y mae Gwilym a'i golofn
Mwy ar drai, mae arna' i ofn.
Mae'i Air Olaf olaf o
O'r golwg i lwyr gilio.

Pwy mwy o Fynwy i Fôn
Yn swigod ein pwysigion
A rydd bin ei lên finiog
O'i stôr gwawd os distaw'r Góg?

Nid saff rhag dos ei effaith
Na phwyllgor na chyngor chwaith
Yn siŵr, pan ddinoethai'i siars
Eu mynych fistimanars.

Dod i wybod y cwbwl
Am droeon gwleidyddion dwl
Wnâi G.O., a dwyn i'n gŵydd
Wastraff ac anonestrwydd.

Nid oedd ffafor cwangorwyr
Yn poeni dim o'r pin dur,
A rhoi'n ewn y gwir a wnâi
I'n golwg, fel y'i gwelai.

Ond os diogel tawelu
Y gŵr crac a'r geiriau cry',
Ai call oedd i ni nacâu
Cartŵn y ciciwr tinau?

Rhag embaras y caswir
Gorau i gyd osgoi'r gwir!

Columbia
(Ffrwydrodd wrth ddychwelyd o'r gofod.)

Icarws rhes y croesau – yn nychryn
Echrys y saith angau,
Ond er pob pryder parhau
Yw pris holl gamp yr oesau.

Llechen ar Daith
(O chwarel y Penrhyn i Gaerdydd.)

Ar reilffordd a hofrennydd ac mewn bad
A char-a-phoni, a whilber am wn i,
Fe aed â'r llechen o'r naill ben i'r wlad
I'r llall, i ddangos ein hunoliaeth ni.

Wrth gwrs, bu ambell rwystr ar y ffordd
Cyn cyrraedd yn y man lle bydd yn toi'r
Adeilad crand, lle'r ydoedd Bryn a'r ordd.
(Ai bellach dyma ystyr ffordd osgoi?)

Ac fel erioed, bydd ambell lais hunanol
Yn dannod i'n penaethiaid yn y Bê
Nad yw'n canolfan ni yn nes i'r canol,
Ac eraill – o eiddigedd rhonc yntê –
Yn dweud y byddai 'fallai yn beth call
Cael hewl yn gyntaf o'r naill ben i'r llall.

Win or Lose, We Like the Booze
(Geiriau honedig Rhodri Morgan am rai o'n chwaraewyr rygbi.)

Fe ddylem godi llawes Rhodri'r Gwallt
Am ddwyn i gyfri ein rygbïwyr drud,
(Eu tuedd at y botel, 'dech chi'n dallt)
A chynnig llwybr gwelliant yr un pryd.

Piti na fyddai'r rheiny, neno'r Tad,
Yn trio dilyn siampl sgwad y Bae
A rhoi, uwch pob pleidyddiaeth, les eu gwlad
Yn uchaf peth, a bod yn werth eu pae.

Ymwrthod ag oferedd clwb a bar
A bod yn broffesiynnol fel yr ACs,
Sy'n gwneud eu gorau'n eu holl amser sbâr
I gadw trên y grefi ar y tracs.

Mae'n hen bryd tynnu bys, mewn gair, a gwneud,
Nid fel mae rhai'n gweithredu, ond yn dweud.

Gardd

(Er cof am frawd-yng-nghyfraith.)

Dau 'grow-bag' wedi'u hagor
Oedd yr ardd mewn rhyw hen ddrôr
Yn ffenest ei Orffennaf.
A'i holl fryd ar hyd yr haf
Yn ei wendid oedd tendio'i
Reng o domatos, a rhoi
Ei ddyddiol fedydd iddynt
Er mwyn gweld eu trymhau'n gynt.

Ond ryw ddiwrnod fe gododd
Ac at yr ardd robag trôdd
A gweled yno'n gwaelu
Un o'r dail yn gancer du,
Na allai eto'n holliach
Ei bywhau â'i debot bach.

Ac ar i waered wedyn
Teneuo wnaent o un i un,
Nes y cnwd yn rhŵd a drôdd –
Y gwyfyn a'i gaeafodd.

Cwestiwn

Mae'r cwmwl ar y gorwel yn crynhoi
I fygwth gollwng 'damnedigaeth fwy',
A ph'un ai a ddaw'n storm neu beidio'n troi
Ar ddedfryd yr archwilwyr, meddant hwy,
P'un ai a oes neu beidio gan Saddam
Y modd, yn ei orffwylledd diymwâd,
I ddifa Mwslim, Cristion ac Islam
Fel na bo cred nac anghred mwy, na gwlad.

Un cwestiwn pellach i'r pwerau hynny
Sy'n esgus disgwyl cennad yr Ec-Uw
I wasgu'r botwm fydd yn penderfynu
A yw'r miliynau i farw neu i fyw:

A feiddiai neb ymosod petai'n wir
Fod ganddo arfau distryw yn ei dir?

Rhyfel

Bydd dial o'r anialwch – yfory,
Nes adferir tegwch
I atal llid plant y llwch.
Ni all lladd ennill heddwch.

Gelyn

Oni fyddai'n dda i ddyn
Holi pwy yw ei elyn
Yn gyntaf cyn ymrafael,
'Waeth mae gwaeth a gwell i'w gael?

Ym mhob un y mae beunydd
Yn torri ma's rhyw gas cudd
Pe mynnem na allem ni'r
Marwolion mo'i reoli.

Os felly, a yw rhywun
O ryw ach na ches i'r un
Rheswm erioed i'w groesi'n
Un modd, yn elyn i mi?

A yw distryw gwlad estron
Irac i fod llenwi 'mron
Â rhyw glochdar gwladgarol?
A ddylwn i ddal yn ôl?
Ai 'ngorfoledd ai 'ngweddi?

Fy ngelyn fy hun wyf fi.

Ambiwlans yr Awyr

Pan ddelo yn drychineb
Arnom ni blant y llawr,
Rhag mynd yn ein ffolineb
Yn brae i Angau Gawr
Daw angel gwarchod ar y gwynt
I'n codi fel Eleias gynt

O lanast ein damweiniau
A rhyfyg ein mwynhad
I wely'r glân lieiniau
A dwylo'r esmwythâd,
Nid byth y'n gwrthyd ar y daith,
Nid byth y'n dwg i farn ychwaith.

Ac os daw i'n cyfarfod
Ddisyfyd drawiad poen,
A glesni oer y darfod
Yn cerdded hyd y croen,
Hyd fryn a phant nid oeda ddim
Adenydd ei hymwared chwim.

Ein cardod sy'n ei chodi
A'n heisiau yw ei gwerth,
Ein c'wilydd yw ei thlodi
A'n gwendid yw ei nerth,
A thra yn wyllt y rhuthrwn ni
Fe fydd uwchben ei hangen hi.

Cenhadon y Gwanwyn

Er i'r daffodil a'r eirlys
Ennill molawdau'r bardd
Erioed am ddod â'r gwanwyn
Yn ôl i glawdd yr ardd,
Bydd sawl llwyn eithin digon hagr
Ers tro â blodau ar ei ddagr.

A serch i ffliwt y fwyalch
Heddiw â'i nodau hi
Gyhoeddi ei llawenydd
Eto, fe glywais i
Asyn y Cnwc yn seinio cnul
Y misoedd du ers llawer Sul.

Ac er bod ŵyn bach eto
Yn prancio ym mhob cae
Yn dweud bod ha'n dychwelyd
Yn ara bach, y mae
Y wâdd ers tro, waeth faint fo 'nhawnt,
Yn codi'i chestyll ar y lawnt.

I eilio cerdd Menna Elfyn
i Rodri Morgan wythnos yn ôl

Er mor glyfar ei siarad – nid yw'n dweud
Un dim am ei safiad.
Rhoi llais clir i 'wyllys gwlad
Ni thâl ar fin etholiad.

Twtsh o'r Haul

Pan fyddo'r tywydd garw'n sgubo'r tir
A gwyntoedd a llifogydd yn eu grym,
Neu'r rhew a'r lluwchiau eira'n para'n hir,
Mae barn ein Jeremeiaid ni yn llym –
Cynhesu amgylcheddol sydd ar fai,
A'n llygredd ni'n difrodi'r haen osôn
I fyny rywle fry, yn ôl y rhai
Ohonom sydd yn gwybod, tewch â sôn.

Ond pan ddaw argoel, bob rhyw hyn a hyn,
Am bwt o dywydd gweddol i'w fwynhau,
A'r teli'n addo y bydd haul ar fryn
Am rai diwrnodau eto i barhau,
Mae Duw'n ei nef a phopeth ar i fyny –
Does fawr o sôn am lygredd y pryd hynny.

Sbarion Meifod

Yn y Babell Celf a Chrefft

Mae gŵr â threm agored – yn edrych
A medru amgyffred
Lluniad lliw, neu hyd a lled,
Ond o'r galon daw'r gweled.

Mathrafal

Bu'r hen, hen had obry'n hir – ymaros
Dymhorau nas rhifir,
Ond 'leni mae'n torri tir
Yn eildwf dros y doldir.

Newyddion Mawr y Dydd

(Penderfynwyd bellach fod Llandudoch yn gyfan gwbl yn Sir Benfro, a bu un cystadleuydd bron ag ennill miliwn o bunnau ar Who Wants To Be a Millionaire *drwy i'w gyfaill beswch gwybodaeth iddo.)*

Os yw'n holl glybiau rygbi'n gytûn,
A phentre Llandudoch yn un,
Ni fyddai'n ddim trwbwl
Na ffwdan o gwbwl
Cymodi'n Irac, wir i ddyn!

Yn ninas Hong Kong mae niwmonia
Sy'n anodd ofnadwy ei wella.
Maen nhw'n peswch mor galed
Nes 'u bod nhw i'w clywed
Ar raglen Chris Tarrant o leia'!

Cyrhaeddodd y *Talwrn* y mil
Rhaglenni ddydd Mawrth a nos Sul,
Mae'n rhyfedd gan hynny
Fy mod i yn mynnu
Sgrifennu'r fath rwtsh rownd y rîl.

Dwy Frenhines
*(Amharwyd ar un o bartïon gardd
y Frenhines gan haid o wenyn.)*

Roedd y cadeiriau wedi'u gosod ma's
Wrth reol protocol ers toriad gwawr,
A'r barbeciw yn mygu ar y glas
Yn disgwyl i frenhines Prydain Fawr
Droi i mewn at ei haddolgar ddeiliaid hi.
Y camerâu ar annel, eto fyth,
I ddwyn i'r amlwg ein teyrngarwch ni
A'n parch i'r Goron, i ŵydd byd yn syth.

Ond roedd brenhines arall dan y sedd
A'i haid canlynwyr hi amdani'n glwm
Yn bygwth rhoddi'r ceibosh ar y wledd,
A grŵn gwrthryfel yn eu hislais trwm.
Ac ildio'r dydd fu raid i Lisa'r Ail
Dros dro i frenhines mêl a thes a'r haul.

Yr Ymgeisydd Aflwyddiannus

Er gwasgar ei bosteri
Ar bob rhyw glawdd a lôn,
Mae'n well bod un mewn ffenest
Na chant ar byst y ffôn.

Addawodd bob gwelliannau
A chael addewid croes,
Ond mae mwy nag ef yn methu
Â chadw'i air, on'd oes?

*Gwelwyd Jac Morris,
naw oed, o'r Borth a'i
Jac-y-Do dof ar deledu*

Fe welodd Jac-y-Do
A chyn pen fawr o dro
Roedd yn dilyn y crwt
Yn dynn wrth ei gwt
Ar hyd a lled y fro.

I'r caeau fel i'r dre
Neu'r ysgol, waeth i ble,
Roedd y jac a Jac
Yn ei anorac
Fel un ar hyd y lle.

A'r gŵr â'r capan llwyd
Yn begian am ei fwyd
A phigo'r plant
Cyn hedfan bant
A chodi'n ôl i'w glwyd.

Mae'r arholiadau'n dod,
A Jac yn siŵr o fod
Yn gwneud yn dda
A chael gradd A
A'r jac yn cael y clod.

Croeso
*(Mae milwyr Prydain a'r Amerig yn synnu
na chawsant well croeso gan yr Iraciaid.)*

Rhag uffern eich trueni
Dan sawdl front Saddam,
Gwisgodd tosturi lifrai
I'ch gwared rhag eich cam

Ag arfau'r annel wyrthiol
Na fethant fyth mo'r nod,
A dychrynfâu cyfiawnder
Hyd eich pentrefi'n dod.

Ond yn rwbel eich cartrefi,
A briwgig eich plant a'ch tom,
Pwy all glodfori roced?
Pwy sy'n croesawu bom?

Y Lecsiwn Arall
*(Collodd Sian Lloyd ei lle ar raglen
Get me out of here…)*

O'r owtbac rhag camra cudd – y selébs
Daeth Miss Lloyd y Tywydd
I glydwch breichiau'i gwleidydd,
Ddoe yn rhwym a heddiw'n rhydd.

Everest

*(Mae trigain tîm o ddringwyr yn paratoi
i herio Everest i ddathlu hanner canmlwyddiant
ei goncro gan Hillary a Tensing.)*

Ac Everest yn estyn
penydfa ei gopa gwyn
i'r awyr, fe fydd rhywun

o dan hud ei rewllyd ro
a'i eira'n dal i herio
dynion 'am ei fod yno'.

Ni all uthredd y llethrau
na hongian wrth raff angau
ym min y cwymp mo'u nacáu

ar uchaf eu hymdrechion,
na'r fedal yn y galon
yn iâ trwch yr entrychion.

Mae'r hen, hen sialens o hyd
yn y mêr yn ymyrryd,
yn Everest eu holl fryd.

Irac Wedi'r Drin

Chwilio am freichiau Ali* – yn hafog
Rhyfel y tosturi
A wna'i wlad, a disgwyl i'r
Dwylo gwaed eu hailgodi.

* *Y crwtyn bach hwnnw y daethpwyd ag
ef i Brydain wedi colli ei freichiau.*

Colli'r Bws
(Fel y gwnaeth ein tîm rygbi ar y ffordd i Heathrow.)

Fe welsom, am ryw reswm, yr hen blant
Yn tynnu ar eu tinau ambell waith
Rhag mynd i'r ysgol, a heb fawr o chwant
Eu paratoi eu hunain at y daith.
Gwaith cartre heb ei orffen, neu dro gwael
Yr oedd rhyw fwli o athro wedi'i wneud
 hwy yr wythnos d'wetha, a hwythau'n cael
Y bai ar gam, neu rywrai'n bygwth 'dweud'.

Yna, gan fynd mor sydyn ag y daeth,
Caent annioddefol bwl o fola tost
Anesboniadwy, neu'n wir rywbeth gwaeth,
I lusgo'u traed rhag cyrraedd y lôn bost.
A'r hyn a roddai ben ar bob rhyw ffws
A ffair fynychaf fyddai 'colli'r bws'.

Cynhadledd Wleidyddol

Wel, am le malu awyr, – â'i gannoedd
Sloganau diystyr.
Yr addo'n faith a'r co'n fyr,
A'r rhain yw ein harweinwyr!

Nodion o'r Newyddion

Mae addysg mewn picil yng Ngwalia,
A'r hen ffatri bop yn y Rhondda.
Diflannodd y pres
Heb wneud fawr o les,
Mae'n anodd dweud pwy sydd am elwa.

Mae'r llanc maen nhw'n alw'n Prins Wili
Yn un mlwydd ar hugain eleni,
Ac mae mo'yn dod i Aber
I ddysgu'r iaith, cofier –
Os bydd rhywrai'n dal yno i roi'r gwersi.

Roedd AC Cwm Nedd yn dal gormod,
'Nôl rhywrai, o swyddi yn barod.
Roedd ganddo ddwy hat,
Ond mae mwy ar ei blat
Yn awr – y mae bellach yn briod.

Gan mlynedd yn ôl i eleni
Daeth Henry Ford ma's â'r Tin Lizzie.
Felly beiwch chi fe
Os na chewch chi le
Ym maes parcio'r dre i roi'ch Audi.

Parti'r Prins

Roedd panics yn y Palas
A Nymbar Ten yn grac,
Pan welwyd i Bin Laden
Ddod mewn drwy ddrws y bac
Yng ngwisg mam-gu ei fodryb
A wisgers lawr a lan,
Pan welwyd ef ddiwethaf
Roedd yn Affganistan.

Fu dim erioed yn hawddach –
Cerdded ar draws dau gae,
Dros ffos ac i ben coeden
A 'dropo miwn', fel 'tai.
Ymlaen drwy'r dorf a heibio
I lawer PC Plod –
Ymhlith y clowniaid eraill
Doedd e ddim i'w weld yn od.

I'r Adran Ddiogelwch
Fe fyddai yn gryn sioc
'Tai *weapons of mass destruction*
Yn cuddio dan ei ffroc;
Ac nid yw rhywbeth felly,
O ddifri, yn ddim jôc,
Mae rhai o'n prif wynebau'n
Wynebu cael y pôc.

Ymlaen ag ef i'r llwyfan
Ac at y meic fan draw,
Ac ar ei ffrwd lleferydd
Byrfyfyr doedd dim taw,
A neb yn sylweddoli
Faint ydoedd hi o'r gloch
Tan iddo gyrraedd William
A rhoi cusan ar ei foch.

Gan Bwy y Ceir y Gwir?

Mae pwy ddywedodd beth yn gwestiwn mawr,
Os medrwch gredu'r sôn ar hyn o bryd.
A fedrai Saddam, mewn tri chwarter awr
Anelu arfau distryw ar y byd?

Mae'n rhaid bod rhywun, rywle, wedi bod
Yn gynnil, braidd, â'r gwir, ys dwedan nhw,
A'r sbin yn haws na'r sylwedd iddo'n dod –
Ond dim byd mwy nag arfer, ar fy llw.

A chaed ymchwiliad, cwbwl deg mae'n rhaid,
A ddaeth i ryw gyfaddawd, fel petai,
Gan fod mwyafrif arno o'r un blaid.
A phasiwyd nad oedd neb i gael y bai,
Waeth byddai'n ffradach petai Alistair
Yn profi yn arf distryw Mr Blair.

Newyn
(Ofnir bod Ethiopia yn wynebu newyn arall.)

Beth wn i beth yw newyn?
Rhyw sôn ar Newyddion Un.

Crefu du dwy lygad wen
A bol yn crafu bowlen,
A brwyn sydd fel breichiau, bron,
Yn gywilydd o gylion.

Gofer sych a gafr sâl
A mamau hesb yn mwmial,
A'u haid pyrcs fel codau pys
Yn eu breichiau brawychus.

Wybren drist, a'r brain yn drwm,
Hen biti! Trowch y botwm.

A Oes Heddwch?

'Ych chi'n eistedd yn gyfforddus?
Felly fe ddechreuaf fi
Adrodd hanes ein Cynulliad
'Lawr ym Mae Caerdydd i chi.

Nhw sydd yn ein llywodraethu,
Nhw yw pobol penna'r wlad,
Mewn gwirionedd nhw yw'r gyfraith
A'r proffwydi, neno'r Tad.

Mae eu dyddiau'n mynd i drafod
Pynciau sydd o'r mwyaf pwys,
Ac mae'u trafodaethau trylwyr
Wastad yn rhai doeth a dwys.

Ac roedd angen penderfynu,
(Cyn codi dros y gwyliau 'ntê)
Bwynt holl bwysig, tyngedfennol –
Pwy a ddylai eistedd ble.

Mwy na'r ffordd o'r De i'r Gogledd,
Mwy nag arian Amcan Un,
Mwy na dim, y *cause célebrè*
Ble roedd pawb i roi ei din.

Pwy i'r Aswy ddylai eistedd,
Pwy i'r Dde a ddylai ddod,
Gan gofio cadw lle i'r rheiny
Na ŵyr ble y maen nhw i fod.

Os mai hyn yw maint eu llafur
A'u gwasanaeth, ar fy llw,
Man lle'r eistedd y gwatwarwyr
Mae lle pawb ohonyn nhw.

Marw David Kelly
(Yr arbenigwr ar arfau Irac, a gafwyd yn farw.)

C'wilyddwaith rascaleiddiwch, – a llanast
Cynllwynwyr sbineiddiwch,
Cyllell twyll ac allt t'wyllwch,
Dawn yn llai, a dyn yn llwch.

Bob Hope

I apostol doniolwch – ein diolch,
Dan dyweirch sobreiddiwch.
Llatai'r llon yn llety'r llwch
Ni warafun ddigrifwch.

Diolch, mewn dyddiau duon, – am y ddawn,
Am ddiddanu'r galon,
Am yr hwyl, gan mlwydd ymron,
A gafwyd o atgofion.

Ymchwiliad Hutton
(Y barnwr a gafodd na fu twyll o du'r llywodraeth i gyfiawnhau'r rhyfel yn Irac.)

Gan bwyll bach fe ddaw achos – yr ymladd
I'r amlwg, gan ddangos
Mai rhywbeth croes i'r ethos
Yw bwrw'r bai ar y Bòs.

Dau Fardd

Mi wn am fardd a gaiff ei gyfri'n gawr
Gan fawrion llên, er lleied oedd fel dyn,
A'i feiau 'o rifedi gwlith y wawr'.
Serch hynny wedi'i farw caiff ei hun
 llwybrau'n cael eu henwi ar ei ôl
A strydoedd a theatrau ei hen dref,
A'i enw ar dŷ tafarn ac ar sgrôl.
Wrth ei athrylith y mesurwyd ef.

Ond gwn am gyfuwch bardd sy'n fyw o hyd,
A'i le yn wag, ysywaeth, yng Ngŵyl Awst.
A da o beth a fyddai i ni i gyd
Pe medrem o bob llygad dynnu'r trawst.
Hwyrach y medrai'r sawl sy'n ei sarhau
Ddefnyddio'r un ffon fesur ar y ddau.

Arweinyddiaeth

(Penodwyd Michael Howard yn arweinydd y Blaid Geidwadol.)

Y neb, ymhlith cydnabod, – sy heddiw'n
Chwennych sedd awdurdod,
Boed yn gynnar yn barod,
Mae cyllell dichell yn dod.

Tafol Cyfiawnder

Pan elo llanc ar wyliau
Y mae'n ymarfer ffôl,
Waeth pa mor boeth y dyddiau,
I noethi ei ben-ôl.
Ar draethau Groeg fe allai gael
Tair mil o ddirwy, neu y jael.

A phe bai hithau'i wejen
Yn dewis tynnu'i bra
Er mwyn claearu'i chefen
Yn ffwrnes wres yr ha',
Dwy fil o gosb a gâi yn siŵr,
Neu fyw wyth mis ar fara a dŵr.

Annhegwch, yn ddiamau,
A wneid ag ef a hi,
A cham ar ein safonau
Gwleidyddol gywir ni,
Bod prisio gwarth rhan isa dyn
Yn fwy na gwerth rhan ucha'i fun.

Mintai Hapus Mewn Tipi

Yng nghornel Parc-yr-afr, lle'r oedd ein hydlan gynt
Mae tresi o rubanau yn hofran yn y gwynt,
A thair o bebyll pigfain lle'r oedd yr helmi ŷd,
A thri neu bedwar teulu o'u cylch a phlant yn fflyd.

A phwyso ar y llidiart a wnawn y nos o'r blaen,
Heb gwmwl yn yr awyr a'r sêr i gyd ar daen,
Yn tynnu ar fy nghetyn a gwrando cerdd a chân –
Bron iawn na fynnwn uno'n yr hwyl o gylch y tân.

Roedd y delyn fach a'r ffidil yn llonni conglau'r clôs
A geiriau'r hen alawon yn Cymreigeiddio'r nos,
A'r hen oes i'r un newydd yno yn cyfarch gwell
Yn sŵn y môr ar farian, a'r byd a'i bethau 'mhell.

A gwelwn uwch ei drybedd y cogydd yn ei blyg
Yn llenwi'i gegin bigfain a'r nos â sawr ei gig
A'i estyn yn olwythau i'r newynnog rai ei ddwyn
I'w fwyta'n doc-ar-liniau oddi ar eu seddau crwyn.

A phob yn awr ac eilwaith dôi clec o'r briwyd crin
(Neu fallai'n wir mai rhywun oedd yn agor potel win)
Nes pan fachludai'r lleuad yn nharth yr oriau mân
Roedd sawr y mwg yn aros, ac adlais nodau'r gân.

'Gwêl Uwchlaw...'
(Gorchest David Blaine.)

Mae gŵr mewn coffin grisial, uwchlaw rhu
Trafnidiaeth Llundain gyda chraen a rhaff
A chymorth pwli, wedi'i hongian fry.
I brofi, am wn i, fod hynny'n saff,
Ac nad ar fara'n unig y bydd byw dyn.
Waeth dim ond dŵr yn awr ac yn y man
A gaiff i'w gynnal yno wrtho'i hun
Ar hyd y ddeufis y bydd ef ar lan.

A'r dŵr yn arbed iddo ef, wrth gwrs,
Yng ngolau'r camerâu a llygaid byd
Orfod cyflawni ambell weithred gwrs
Nad gwiw ei chrybwyll yn eich gŵydd chi i gyd.
A siawns, pan ddaw i ben ei orchest ffôl,
Y gwna ddim byd ond disgyn yn ei ôl.

Chwerthin

Crynodd, fel asgell glöyn
Yn dod o'i choma hir
Yr amrant, yna'r eilwaith –
'Mae'n deffro, ydy'n wir,'

A phlygodd wyneb gofal
Dros wely'r adfywhad,
Er mwyn i ddagrau'r gofid
Gael chwerthin eu rhyddhad.

Cywirdeb Gwleidyddol

Mae'n rhaid i fi gyfadde, mae'r Sais yn drech na ni
Mewn un peth – bathu termau disynnwyr, ond PC.
Bydd yn dda gan Ddylan Iorwerth gael gwybod nad yw'n foel –
Mae'n 'follically challenged', ond mae'n arbed crib ac oel.
A'r pot jam cyrrens duon – 'Oh, Golly!' sdim iws dweud 'Wog',
(Nid bod 'na ddim cysylltiad, ond mae'n odli gyda Gog!)
Ms yw pob menyw bellach, nid Miss na Missus yw
(A chymryd yn ganiataol eich bod chi'n siŵr o'i rhyw!)
A phan ddaw'n arholiadau does dim methu mwy i'w gael,
Lluniarwyd y siom honno – nid oes dim gwell na gwael.
Ac nid 'fat' yw'r gair am rywun sy'n din a bola i gyd,
Mae 'weight loss problem' ganddo, ond ffatsyn yw 'run pryd.

Ond yn hyn o beth 'dyw Cymru a'i hiaith fawr iawn ar ôl,
Mae'n 'gweithredu'n ddiwydiannol' pan taw'r pwynt yw
                                                          gwneud sod ôl.
A pham 'canolfan iechyd', a neb sydd yno yn iach?
Ac ers pa bryd, dywedwch, aeth closet yn dŷ bach?
Does undyn yn dweud celwydd bellach ers amser hir,
Fydde Jones Glan-graig ei hunan ond yn 'gynnil gyda'r gwir'.
Ac yn ôl Radio Cymru (na fynegwch hyn yn Gath)
Mae 'na le i'w gael yn Lloeger o'r enw Caerfaddon-Bath.
Ond dyw'r term 'gwleidyddol gywir' ei hun yn ddim ond con,
Pryd clywsoch chi am wleidydd sy'n gywir yn 'roes hon?

Y Ffeit Gyntaf

(Mae chwedl fod Rocky Marciano, pan oedd yn filwr yn Sir Benfro, wedi cael ei ffeit gyntaf yno.)

Mae'r sôn fod Marciano
Am ryw hyd unwaith ym mro
'Nachlog-ddu, pan fu tu fa's
Tafarn yffarn o gwffas.

Pedwar neu bump a gwympodd
Ag un traw, ac yna trôdd
I weld yr heddlu ar waith.
Tri ohonynt ar unwaith
A loriodd fel tair cleren –
Tair noc-owt a'r bowt ar ben.

Ac fe ddaeth Mynachlog-ddu
I rico gyda Rocky,
Y cry' 'i ddwrn, fe'i creodd o
Yn gawr nad oedd mo'i guro.

Waliau

(Berlin ac Israel.)

Unbennaeth greulon baner
A gwaed yn baeddu'r morter
I osod meini balchder
A'u cododd yn eu pryd,

A hiraeth plant gorthrymder
Yn galw am gyfiawnder
Uwchlaw cymylau amser
A'u dymchwel hwynt i gyd.

Concorde

Yn chwe deg tri deorwyd eryr arian,
Campwaith technoleg, gwyrth osgeiddig, ddrud,
A âi i'w hynt yn gynt na'i sŵn ei hunan,
Nes medrai, mewn diwrnod, gylchu'r byd.

Ac am ddeugeinmlwydd croesodd yr Iwerydd
Wrth fodd cwsmeriaid bri a phres.
Rhagolwg ar athrylith y byd newydd
A ddôi i ddyn â'r seithfed nef yn nes.

Ond serch gorchfygu llyffetheiriau uchder
A grymoedd hyna'r cread ar ei hynt,
A gwanu'i phig drwy gyfyngiadau amser
Fe'i trechodd terfysg, trachwant llog, a'r bunt.
Bellach mae ar ei chlwyd yn bwrw'r draul.
Gwae'r neb sy'n hedfan yn rhy glos i'r haul.

Ymchwiliad

(Eto fyth i benderfynu a oedd y llywodraeth wedi gorliwio'r adroddiadau am y bygythiad o Irac.)

Hutton i graidd y mater – yn ŵr dewr
A duriodd i'r dyfnder,
Ond o blith gwendidau Blair
Ni ddyrannodd yr hanner.

Llongau

Rhag peryg llid y feirws ar ei bwrdd
Ni châi'r Aurora ddocio mewn un man.
O'r Eidal, Groeg a Sbaen fe'i troid i ffwrdd
Fel llongau'r ffoaduriaid, nid oedd glan
I'w derbyn. Rhag ei phla fe'i câi ei hun
Yn wrthodedig gan y byd yn grwn
A'u llwyth ysgymun. Am un waith yr un
Oedd tynged pres a thlodi y tro hwn.

A chlywsom sôn am gragen o long rydlyd
Tuag atom o'r Amerig ar ei thaith
I'w thorri lan a chladdu'i sgrap gwenwynllyd –
Does fawr o groeso iddi hithau chwaith
Am na cheir gwybod cyfrinachau hyll
Y llongau sy'n mynd heibio yn y gwyll.

Ymateb i Erthygl yn y Western Mail

'Ymhlith eich ffolinebau chi'r Prydyddion
Ar adeg y Nadolig,' mynte'r Beirdd,
'Mae gyrru at eich gilydd ryw englynion
A cherddi y tybiwch chi eu bod yn heirdd.

Maen nhw'n gocosaidd ac Amhroffesiynol,
Nid ŷnt yn gyfieithiadwy nac yn Llên,
Mae'u hidiom a'u delweddau'n gonfensiynol,
Mae eu symbolau'n rwtsh a'u hodlau'n hen.'

Os felly, gwared ni mewn Ysgol Feithrin
Rhag i ni ragor lawenhau pan glywn
Droi drama'r Geni'n hanner ffars, a chwerthin
Fod plant yn canu carol ma's o diwn.
Mae dathlu'n beth rhy ddwys i bob rhyw siort
Ymwneud ag ef, ac nid yw celf yn sbort.

Baled Swansea Jac

Anghofiwch am Gelert a Lassie
Ac enwog gŵn hela John Peel,
Ac eto Gŵn Bendith y Mamau
A phob ci a ddaeth yn eu sgîl,
Anwylach, enwocach na phob un o'r pac
Yn nhref Abertawe yw bri Swansea Jac.

Bytheuad go frith ei rywogaeth
Â rhywfaint o waed Labrador,
A nofiwr nad oedd dim o'i debyg
Rhwng dyfroedd y dociau a'r môr.
Cyn bod un achubydd ar draeth yn y wlad
Roedd Jac yn ei swydd a'i wasanaeth yn rhad.

Pan elai glaslanciau i nofio
I'r doc pan fâi'r tywydd yn boeth
Roedd Jac a'i ddau lygad yn effro
I beryg y rhai lleiaf doeth.
Nid unwaith na dwywaith y tynnodd i'r lan
Ryw lencyn gor-fentrus o nofiwr go wan.

Ac weithiau, pan fyddai rhyw druan
A'i faich bron â'i lethu yn deg
A'i gyrrai i ddyfroedd anobaith
Fe'i tynnid i glydwch yng ngheg
Yr angel gwarcheidiol oedd yn dipyn o sgamp,
Na welai wahaniaeth rhwng blaenor a thramp.

Nabyddus mewn warws a bwthyn
Yn ardal y dociau o'r bron,
A hoffus bedwartroed cyfarwydd
Tafarnau gwŷr geirwon y don
A dynnodd sawl morwr sigledig ei daith
I ddoc diogelwch o'i Waterloo laith.

Ond yna, ryw dro trychinebus
Rhyw wenwyn a'i cafodd i lawr,
A chodwyd cofadail anrhydedd
I gadw'i orchestion ar glawr,
A heddiw mae'r ddinas yn datgan ei bri
Yn gymaint i gampau ei bardd ag i'w chi.

Gwerthoedd

(Yr Ardd Fotaneg.)

Fe roddwyd gwinllan yn ein gofal ni,
Ond y mae storm yn macsu yn y nen,
A'i gerddi gwych a'i holl ymchwilio hi
Yn fuan, meddant hwy, i ddod i ben.
Rhy anodd i'r to grisial, er ei hardded,
Gysgodi egin twf rhag prinder pres,
Na'i gwerthoedd gadw'r llwybrau yn agored
Yn wyneb ein difrawder am ei lles.
A'i ffrydiau'n sychion a'i holl lwyni'n llwm
Fe ddaw yn aeaf ar ei bythol haf.
Ei thai yn weigion a'i llidiardau 'nghlwm.
Rhag ein cywilydd! Oni fyddai'n braf
'Tai ugain miloedd tâl ffarwel y Cyngor
Yn mynd i gronfa cadw'r Ardd ar agor.

Newid y Giard

(Llwyddodd gohebydd o Fôn i gael swydd ym Mhlas Buckingham heb gael ei adnabod.)

Rhaid newid y giard yn Bycinam Palas,
Fe dorrodd gohebydd i mewn i'r syrcas.
Sut gall Arlywydd yr Iw Es E
Deimlo'n ddiogel mewn ffasiwn le?
Embaras.

Rhaid newid y giard yn Bycinam Palas,
Waeth wyddoch chi ddim pwy sydd o gwmpas.
Roedd rhyw Fonwysyn am bron ddau fis
Yn crwydro i bobman dan drwyn y polîs.
Ow, Crismas!

Rhaid newid y giard yn Bycinam Palas,
Waeth daliwyd y Cwîn yn ei phyjamas.
A beth 'tai Bin Laden neu falle Saddam
 bom dan ei gesail yn dod draw bob cam?
Galanas.

Rhaid newid y giard yn Bycinam Palas,
Mae'r rhain yn peryglu seciwriti'r deyrnas.
'Tai Bush yn cadw i'w wlad ei hun
Fe fyddai i bobloedd y byd, a ni'n
Gymwynas.

Cwpan Rygbi'r Byd

Am godi'r bêl a'i chario
Y bydd y byd yn cofio
William Webb Ellis, felly pam
Rhoi'i gwpan am ei chicio?

Drudwy

(Mae sôn bod eu nifer yn prinhau.)

Prinhau o hyd mae'r drudwy
Heddiw'n y tir, meddant hwy.
Nid yw ffrwst eu trwst ers tro'n
Cymylu'r caeau moelion,
Na haul hydre'n pelydru
Patrymau o liwiau'u plu.

Nid ydynt fel cynt o'r cae
Ragor yn deilio brigau
Tyrfus y cloddiau terfyn,
Na rhoi ffrwyth ar gyrff yr ynn.

I glwydo dod nid ydynt
Fel isel awel o wynt
I loches ar gyflychwyr
Yn haid ar haid gyda'r hwyr.

Ai llymion ddulliau amaeth
Eu prinhad peri a wnaeth?
Ai bygythiad ofnadwy
Oernant a'i wn arnynt hwy?

Y Baco Gwyrthiol
(Dyfeisiwyd tybaco nad yw'n cynhyrchu mwg, yn ôl y papurau.)

Yn ôl y gred ddiweddar
Ni fu un pechod gwaeth
Yn hanes y ddynoliaeth
Na bod i smocio'n gaeth.
Rwy'n addef 'mod i'n euog
O'r hen arferiad drwg,
Ond wele! Iechydwriaeth
Tybaco heb ddim mwg.

Mae amrywiaethau rhywiol
Yn dderbyniol, medden nhw,
Mewn Senedd a Chynulliad
Ond mae smocio yn tabŵ.
Ond mwy mae cydraddoldeb
A thegwch wrth y drws
Waeth mae rhyw ŵr o Sweden
Wedi darganfod Snws.

Dim mwy y bydda' i'n rhywun
Esgymun mewn *soirée*,
Na phobol y bwrdd nesa'n
Anadlu 'ngwenwyn i.
Dim mwy bydd cyd-giniawyr
Yn edrych arna' i'n gas,
Na'r staff mewn ambell westy'n
Bygwth fy nhowlu ma's.

Hanner y ffordd drwy'r bregeth
A'r chwant yn mynd yn drech
Hwyrach y bydd yn bosib
Cael mygyn yng Nghwrdd Chwech.
Un cwestiwn wrth obeithio
Y bydd fy myd yn wyn –
Sut fydda i yn gwybod
Bod yr hen bib ynghyn?

I Ron Aberaeron
(A wnaed yn OBE.)

Enillaist i'th gyfeillion – galennig
A lonnodd bob calon
Pan gefaist o law'r mawrion
O'r diwedd anrhydedd, Ron.

Dwi Isho Bod yn Gymro
('Now we can call ourselves Welsh'. Western Mail 12.01.04.)

Dwi isho bod yn Gymro ac mae'n debyg nawr y caf,
Mae'r Llywodraeth wedi addo, on'd ŷn nhw'n bobol braf?

Dwi isho bod yn Gymro, rwy'n trigo yn fy ngwlad,
Hen Galan dwy fil pedwar fe gês i ganiatâd.

Dwi isho bod yn Gymro yn gynta, wedyn Brit,
Ac yna yn ddinesydd o Ewrop o ryw sut.

Dwi isho bod yn Gymro i mi gael dodi tic
Mewn bocs i mi fy hunan ac nid mewn bocs eth-nic.

Dwi isho bod yn Gymro, fe waeddwn 'Cym on Wêls'
Beth bynnag fyddai'r pennawd mewn mil o Western Mêls.

Dwi isho bod yn Gymro fel bues i erio'd,
Ond mae hynny yn newyddion i rywrai, siŵr o fod.

Dwi isho bod yn Gymro o'r cenhedloedd oll i gyd,
Ac i Gaerdydd a Llundain dwi'n diolch – am ddim byd.

Adlais o 'Coed Glyn Cynon'

(Bwriedir cwympo gallt o goed hynafol i wneud ffordd osgoi ger y Coed Duon.)

Mae angen, meddai Cyngor praff,
Am draffordd i foduron,
A phenderfynu wnaeth rhyw rôg
Ar gwympo gallt Coed Duon.

Ac ofer fu protestio hir
A cherddi'r holl brydyddion
Am gael rhoi heibio'r ddedfryd hallt
O gwympo gallt Coed Duon.

Mae hogi bwyeill hyd y wlad
A'r llifiau cadwyn creulon
I lorio'r deri praff a'r ynn
Sy'n tyfu'n allt Coed Duon.

Bydd miloedd y moduron drud
A'r fflyd lorïau trymion
Maes 'law'n mynd heibio fel y gwynt
Lle gynt roedd allt Coed Duon.

Ac fe ddaw'r gwanwyn i roi rith
Ei wlith hyd yr ymylon,
A'r hydre yntau i rwygo'i wallt
Er cof am allt Coed Duon.

4.33. Y Gân ni Chanwyd

(Darlledodd y BBC un o weithiau 'cerddorol' John Cage.
Pedair munud a thair–ar-ddeg-ar-hugain eiliad
o ddistawrwydd hollol.)

Roedd holl dorf y gerddorfa'n
Ddi-sŵn heb na bw na ba.
Llonydd pob corn a llinyn,
Pob rhes bres, pob tamborîn.

Molto dim. pob dim o'r dôn
A'i nodau oll yn fudion.
Dim bît na *recit.* na *rall.*
Na chychwyniad na chynnal.

Dim trwmped na chorned chwaith
Yn glorio'n eu disgleirwaith,
Dim bas, dim alaw, dim byd,
A hynny 'mron bum munud.
A'r maestro yno yn rhwydd
Yn arwain y distawrwydd
Gan godi o'i gopi gwyn
Guriad lle nad oedd nodyn
A chwifio'n frwd fraich wen fry'n
Uwch i'w hysio gan chwysu
Nes dod cresendo di-sŵn
I rymuso'r emosiwn.

A mintai barch mewn tei bô
O wiriondeb yn gwrando
Cerdd na fu'n bod yn dod i
Ddiweddawd nad oedd iddi.

Da yw gwybod fod rhoi fent
I dawelwch yn dalent.

Moderneiddio

I droi yr Orsedd druan – yn fodern
Mae'i fod yn gryn ffwdan,
Yn welliant o hyn allan
Cael cerrig plastig yw'r plan.

Newidir y wisg wedyn. – Câi ei weld
Yn fwy cŵl o dipyn
O'i Faen Llog 'tai Robin Llŷn
O dan ei *burka*'n borcyn.

Siawns na châi'r Ddawns Flodau ddod – i fyny
Â safonau'n cyfnod
O noethi'r holl enethod –
Pole Dance yn fuan sy' i fod.

O'n holl lesgedd i'n llusgo – mae i ni
Mwy yn hen bryd deffro,
Ac i'n mantais byddai, sbo,
Yn llawn gwell i ni gallio.

Llanfyllin Lady

Mae caseg o Lanfyllin
Heb ennill ras erio'd,
Fe ddaeth yn drydydd unwaith,
Ac yn ail – bron taro'r nod.
Er ei throi ma's yn eitha swanc
Mae'n debyg iawn i Sam Rose Bank.

I fod yn fanwl gywir,
Daeth yn drydydd ma's o dri,
A phan ddaeth i'r ail safle
Dim ond un a'i safai hi.
Hwyrach na ddôi yn gyntaf un
'Tai'n rhedeg ras â hi ei hun.

Ond dewch chi, ganol gaeaf
Yn dilyn pac o gŵn,
Mae'r Lady'n gaseg arall
Yn glorio yn y sŵn,
Dros waun a rhos a ffos a pherth
Cystal ag Arkle yn ei nerth.

Bydded y tir yn galed
Gan rew, neu'n fôr o laid,
Yn dywod neu yn gerrig
Mae'r Lady'n sicr ei naid.
Peth rhyfedd yw creadur mud
A fo'n ei elfen – fel ni i gyd.

Ac felly, y tro nesaf
Yr eir â hi i'r trac,
Os bydd 'na gorn yn canu
A chadno chwim a phac
O gŵn yn mynd o'i blaen yntê
Mi fentrwn arni bunt 'each way'.

Marw Bonheddwr
(John Charles)

Tristáu mae'r teras tawel – o gilio'r
Cawr Gwylaidd i'r twnnel,
Gŵyr yn iawn ragor na wêl
Urddas o'r fath i'w arddel.

Arwyr Cymru
*(Aneurin Bevan ac Owain Glyndŵr oedd y ddau uchaf
ar restr y Can Arwr Cymreig yn y Western Mail.)*

Bu'n anodd gennym ddewis p'un o'r ddau
I'w osod ar y blaen ym mhôl y We.
P'un ai Tywysog Sycharth ynte Nye.
Gwerinwr v aristocrat yntê.

Un yn ymostwng o'i arglwyddiaeth fras
Yn darian dysg a moes ei werin bobl,
A'r llall yn codi o galedi'r ffas
I uchelfannau grym y cylchoedd nobl.

Portread o'r ddeuoliaeth sy 'mhob dyn,
A dameg o'n hymwneud, y naill â'r llall,
A fydd ryw dydd yn dwyn ein gwlad yn un.
Ai gormod yw gobeithio mwy y gall
Sosialaeth genedlaethol pôl y We
Ganu rhyw gloch ymateb yn y Bê?

Dim Smygu

*(Roedd Dydd Mercher diwethaf yn
Ddiwrnod Atal Smygu.)*

Rwyf innau am roi i fyny, – a ganwaith
Rhois gynnig ar hynny,
Ond trech o hyd ddedfryd ddu
Rheolaeth Walter Raleigh.

Os wy'n brin o San Bruno – 'dyw'r awen
Druan ddim yn gweithio.
Yr wy'n grac heb ddim baco,
Ar fy ngwir yr wyf o 'ngho.

Ni wnaeth llond cratsh o batshis – wahaniaeth,
Na swnian y missus
Ddim para fawr mwy na mis,
Be' wna'i nesa? Hypnosis?

Mae'r ysfa'n ddofn ac rwy'n ofni'n ddirfawr
Na dderfydd ei meithrin,
'Synna i ddim os na ddaw hi'n
Un wiff wrth gau fy nghoffin.

*Mae deiliaid cartref henoed
Tŷ Waunarlwydd yn dysgu
trin y Rhyngrwyd*

Mae'r henoed yn Waunarlwydd
Mwy yn eu seithfed ne'
Yn para'n fythol ifanc
Wrth ddysgu trin y We.
Mae un yn wir yn tyngu,
A hithau bron yn gant,
Fod trafod y sgrîn fodern
Mor rhwydd â chwarae plant.

Dim mwy o droelli bodiau'n
Y gornel tan yr hwyr,
Ac mae'n bosib cael llond bola
O'r bingo, dyn a ŵyr.
Mae gwau a gwylio'r teli
Yn burion yn eu lle,
Ond mae'u hud i gyd yn cilio
Wrth yr hwyl o drin y We.

Bydd tylwyth yn Awstralia
Neu'r U.D.A. i'w gweld
A'u clywed lawn mor eglur
Â 'tai nhw ar ben seld.
Y mab yn Seland Newydd
Neu'r wyres yn Siám,
I gyd drwy wyrth y Rhyngrwyd
Yn dod i stafell Mam.

Pwy ddwedodd mai i'r ifanc
Mae'n gwyrthiau modern ni?
(Er bod eu holl gymhlethdod
Yn drech na rhai fel fi).
'Fydd 'oedran yr addewid'
Fyth mwy yn adeg siom,
Mae iddo ystyr newydd –
W driphlyg @ dot. com

'There's an age of difference between us.'
(Rhieni Rachel Whitside, y ferch y datgladdwyd ei chorff yn ddiweddar.)

Cnwd o had ein cnawd yw hi, – ein seren
Fyth ers awr ei geni.
Heddiw rwy'n ddieithr iddi,
Y mae 'na oes rhyngom ni.

Adroddiad Comisiwn Richard
(I weld a ddylid rhoi pwerau ychwanegol i'r Cynulliad.)

Fe'i gelwid gynt yn Wlad y Diwygiadau
Pan oedd y cyffroadau'n sgubo'r tir,
Ond heddiw byddai Gwlad yr Adroddiadau,
Gan amled ydynt hwy, yn nes i'r gwir.
Ac wele eto femrwn calonogol
Gan arglwydd o gyfreithiwr di-ystaen
Yn rhoddi, petai angen, stamp swyddogol
Ar beth a welai pawb yn ddigon plaen.

A bron cyn sychu o'r inc fe fydd y pleidiau
Yn cynnull eu rhagfarnau eto fyth.
Myneged un ei hateb hi i'n rheidiau
Ac fe ddaw'r llall i'w saethu i lawr yn syth.
Hwyrach y byddai'r tŷ ar sicrach sail
Pe rhoddent Gymru'n gynta a phlaid yn ail.

Traeth y Bermo
(Lle boddwyd yr harbwr-feistr a'i ddirprwy.)

Draw i'w dywod o'r diwedd – y tynnwyd
O'r tonnau gelanedd
Ei frigwyn fôr gan na fedd
Ei gerrynt ddim trugaredd.

Lliw
(Clywais gyffelybu'r ddynoliaeth i fyrddaid o beli pŵl.)

Y Brenin Mawr yn rhoi sialc ar ei giw
A gwahodd y Diafol i ddewis ei liw,

A'r wen yn taranu yng ngrym y toriad
Gan chwalu'r peli i bob cyfeiriad –

I ddyfnder poced, neu i daro'i gilydd
Yn fyrddaid chwâl o liw aflonydd.

A'r wen yn eu suddo o un i un
(Ond câi ei hailosod 'tai'n ei suddo ei hun!)

A'r lliwiau yn syrthio bob un i'w dynged
Hyd nes i'r wen gael y ddu i'w phoced.

A Duw a'r Diafol yn rhoi'u ciwiau i hongian
Ac ysgwyd llaw, achos gêm oedd y cyfan.

Deuoliaeth y Tŷ Crwn
(Ym Mharc Cenedlaethol Sir Benfro.)

Canasom bawb ein gwala
Am y Bwthyn Bach To Gwellt
A llechu yn ei gysgod
Mewn stormydd glaw a mellt,
Ond coded rhywrai fwthyn
O glotas Brithdir Mawr
O olwg pawb a phopeth
Ac mae'n rhaid ei dynnu i lawr.

Yn encilfeydd breuddwydion
Mae'n hiraeth ni yn drwm
Am y llecyn bach delfrydol
I lawr yng nghoed y cwm,
Ond doed rhyw sôn am godi
Chwe chant o gutiau pren
I ddenu'r byd a'r betws
A bydd pawb yn dweud Amen.

Codasom Gastell Henllys
I smalio Oes yr Harn
Yn enw sanctaidd ymchwil
A bydd pawb o blaid i'r carn,
Ond doed rhyw bobol walltog
Na hoffwn monyn' nhw
A chodi lle i drigo –
Mae hynny yn tabŵ.

Ac er bod rhyddid bellach
I bawb gael gwneud ei farc,
Nid yw i'w gym'radwyo'n
Ein Cenedlaethol Barc.
Mae'r hud o hyd ar Ddyfed
A fwriwyd oesau'n ôl,
A roes i'r ffôl ddoethineb
A gwneud y doeth yn ffôl.

Decpunt-ar-hugain y Pen

(Awgrymwyd cynllun i dalu disgyblion am aros mewn addysg wedi un-ar-bymtheg oed.)

Pan waeddai Robin Sowldiwr fore Llun
'Rivets, my boys,' a'r gansen mewn un llaw
A'r llall yn derbyn ceiniog gan bob un
Am wythnos arall o ddisgyblaeth braw,
Gwae'r neb o'r diniweitiaid yn eu mysg
Pan ddôi'r gorchymyn chwyrn, na feddai'r modd
I brynu eto chwe phrynhawn o ddysg.
Roedd gwella'i stad yn rhaid ac nid yn rhodd.

Bellach mae'r rhod gylch cyfan wedi troi
Yng ngoruchafiaeth ein hathroniaeth lesg:
Mae'r dwylo'n derbyn, a fu gynt yn rhoi
Cildwrn perswâd i'w cadw wrth y ddesg.
I'w haddysg siawns y gwnaiff wahaniaeth mawr,
Ond fallai daw ffigyrau'r dôl i lawr.

Erin

Y fro dlawd a'r ford lydan, – ei chlefyd
Yw ei chlwyfo'i hunan.
Daear y tafod arian
A'i chŵyn a'i cho' yn ei chân.

Shrek

(Yr hwrdd yn Seland Newydd a gneifiwyd o'r diwedd ac y gwnaed gwisg i Syr Edmund Hilary o'i gnu.)

Roedd yno lwdwn castiog
Ac arno lwyth o wlân
Yn cwato mewn rhyw ogof
Fel gwnaeth sawl tro o'r bla'n,
Pan ddôi yn ddiwrnod cneifio
Roedd ef ymhell i ffwrdd
Yn mynd yn drymach, drymach,
'Welsoch chi 'rioed shwd hwrdd.

Ond daeth rhyw groten heibio
A'i dwyllo o'r graig i lawr,
A champwr gyda'i wellaif
I dynnu cot y cawr.
Roedd drigain pwys yn 'sgafnach
Pan gododd ef o'r dec,
Ac mwyach mae Syr Edmund
Yn gwisgo mantell Shrek.

Mis Bach

Er i'w haul ddenu o'r wain – lili wen
Dan lach gwynt y Dwyrain,
Amod ei fod yw byw'n fain
A thrigo'n wyth ar hugain.

Siôn Corn

Ers dyddiau fy amheuaeth – ohono
Yr hen Siôn, ysywaeth,
Yn ystod nos dod ni wnaeth.
Hosan wag yw sinigiaeth.

Crib Fân

*(Gwelais hysbyseb yn gwerthu
teclyn trydan i ladd chwain.)*

Mamgu'n fy sgrafellu'n fain, – a minnau
Â 'mhen uwchben lliain
Yn dioddef gan lefain,
Ei dileit oedd dala 'whain.

O'm tresi byddai'r gribin – yn eu hel
Ynghyd fel had cennin
Ar ffo o wynt paraffin
I'w diwedd rhwng dau ewin.

Ond mae ffordd arall allan – i'n gwared
Ni o gyrraedd ffwdan
Yr haid lwyd – fe gafwyd gan
Y trêd ddadchweiniwr trydan.

Pob chwannen wedi'i ffrio, – y llau oll
Yn llwch wedi'u rhostio,
A nedd eu trydaneiddio
Yn dra hawdd mewn dim o dro.

Felly ar ras pwrcaswn – y teclyn
Ticlis fel y gallwn
Drafod ein cathod a'n cŵn,
Dewch o'na a dadchweiniwn.

Celwydd

('We are going over "live" to Wimbledon.')

Mae gen i'n y gegin gefn
Sgrîn wydr sgwâr – fy nodrefn
Moethusaf. Dwg i'r stafell
Luniau 'byw' o ryw lan bell
Drwy ryw wyrth na fedraf fi
Am ennyd ddeall m'oni.

Bywyd rhyw Gwm yn gwmws
Fel y mae, 'i ffeitiau a ffws
Rhyw rithiol garwriaethau
Ym min nos rwy'n eu mwynhau.

Daeth bywyd rhyw Stryd ers tro'n
Gesail wag i'w selogion,
Ac afreal realaeth
Ski-fi i fintai yn faeth.
I ni feddwon celfyddwaith
Y *Bill* mae y ffilm yn ffaith.

Yn enwogrwydd rhwydd yr oes
Bri ennyd yw gwobr einioes.
Gan bobol lle'r addolir
Gwyrthiau'r gau y rhith yw'r gwir.

Danse Macabre

(Caniataodd Pwyllgor Cynllunio Sir Benfro gynllun i sefydlu clwb lapdance *gerllaw Dinbych-y-Pysgod.)*

Os daw i ben gynlluniau
Y rhai sy'n gwybod orau
Maes 'law bydd nerth economi
Penalun mewn penolau.

Rhosyn Glas

(Wedi hir arbrofi, llwyddwyd i fridio blodyn glas.)

Cenhedlodd biolegwyr
A glewion celf yr ardd
Afrifed rywogaethau
Tu hwnt i grebwyll bardd.
Dethol genynnau a harddu'u llun
Â lliwiau'r enfys i gyd, ond un.

Petalau o wyn i felyn
A phob gradd rhyngddynt hwy,
Saffrwm a gwyrdd a sgarlad
A phorffor a llwyd, a mwy,
Ond er cyfuno llawer tras
Ni fedrwyd magu blodyn glas.

Er ffynnu o 'Sanau'r Gwcw
A Chlychau'r Gog dan goed
A gelltydd y goriwaered,
Ni lwyddodd neb erioed
I fenthyg lliw petalau'r rhain
I flodyn arall, waeth pa mor gain.

Ond 'leni a'r Sioe Flodau
Yn agor eto'i phyrth,
Wele wireddu breuddwyd
A dadorchuddiwyd gwyrth
O uno doniau bwth a phlas
A champ gwyddonydd mewn rhosyn glas.

Dangos y Fflag
*(Mae llawer mwy o fflagiau
ar geir ymwelwyr eleni.)*

Chwifiwn ein baneri
Yn un fyddin fawr,
Canwn fawl i Beckham,
Ef yw'n sant yn awr.
Pan fo Cwpan Ewrop
Eto'n galw draw
Y mae i ni'n gyfle
Dathlu ymlaen llaw.

Chwifiwn ein baneri
Fisoedd ar eu hyd
Rhag i neb anghofio
Cwpan Rygbi'r Byd.
Os yw'r ymerodraeth
Erbyn hyn ar drai,
Profwn i bob un nad
Arnom ni mae'r bai.

Chwifiwn ein baneri
Ar y ffordd i'r gad,
Beth i ni yw'r lluoedd
Heddlu hyd y wlad?
Ac os bydd yfory'n
Llanast sgwâr y dre,
Canwn ein hanthemau,
Ingland rŵls O.K.

Y Ras

*(Curodd athletwr geffyl am y tro cyntaf
mewn ras yn Llandrindod.)*

Bu adeg yn ein llên pan ganai'r beirdd
Folawdau i'r buandroed o Nyth Brân,
A fedrai redeg neges cyn i ddŵr
Y tegell dorri'r berw ar y bach
A rhedeg ysgyfarnog ma's o wynt
Ar hyd y rhosydd. Trechodd, meddai'r sôn,
Y march a'r marchog yn ei olaf ras,
Gan adael perl o chwedl ar ei ôl
A'r goel na welid eto fyth mo'i fath.

Ond wele yn Llandrindod eto'r wyrth,
A'r ddeudroed na'r pedwarcarn yno'n drech –
Nid ar berffeithrwydd gwastad cylch o drac
Heb riw na charreg rwystr o dan draed
Ond ar draws gwlad, dros ros a ffos a pherth
I fyny ac i lawr am deirawr bron
Drwy'r boen a'r lludded i'r gorfoledd gwyllt,
A chael, nid morwyn i gofleidio'i dranc,
Ond siec pum mil ar hugain yn y banc.

Pobol Eraill

'Run llwyth sydd arnynt hwythau, – 'run wylo,
'Run haul uwch eu pennau,
Ar yr un pryd tra'n parhau
Yn wahanol – fel ninnau.

Prawf Dant

(Darganfuwyd dant mewn penglog gerllaw Côr y Cewri a phrofwyd fod iddo nodweddion trigolion Sir Benfro.)

Ers tro'r oedd Côr y Cewri
Yn hen ddirgelwch i ni.
Pa ryfeddod a gododd
Faen ar faen, ac ym mha fodd?
I beth? Pa bryd, a chan bwy
I'w wneud mor hir safadwy?
O ba lwyth o bobol oedd?
Neu wlad? Ai meidrol ydoedd?

Tan i bâl ein dyfalwch
Yn y llawr gael dant o'r llwch
I adrodd rhan o'r hanes
A'n dwyn ni i'n doeau'n nes.

Roedd enamel Preseli
Yn haen front ei ifori,
Ac i'w weld yn ei graidd gwyn
Ddeunydd mynydd Ca'r Menyn.

Ac er ei hoesol amgau
Yn fud dan bridd defodau
Marwolion, mae'r wehelyth
Er hynny'n llefaru fyth.

Teulu

Does fawr o groeso bellach iddynt ar y stad,
Mae'u tai'n domennydd diraen, ac mae'u plant
Yn crwydro'r nos yn gwbwl ddi-berswâd,
Digon bron i drethu amynedd sant.

Gwae eu cymdogion o wahanol dras,
A'r hen drigolion a fu yno'n byw,
Bydd llawer iawn o'r rheiny'n symud ma's
O ffordd y teulu cythraul, ac o'u clyw.

Fe 'strywiant erddi'r landlord, a chael sbri
Wrth ddamsang hyd ei lawnt, ac ym mol clawdd
Yn rhywle, rywle gwnânt eu hych-a-fi
Gan ledu llawer clefyd yno'n hawdd.
Ond â'u bywydau hwy 'chaiff neb ymhél –
Mae mochyn daear yn beth bach mor ddel!

*[Bydd Pencampwriaeth Golff yr Alban yn
dechrau gyda hyn, ac mae sôn am geisio pardwn
i Ddic Penderyn.]*

Pluen

Darllenodd dro ei llinell, – a'i hitio
Â'r pytiwr o hirbell
A'i ffedo fewn i'w phadell,
Ac mae'i gerdyn un yn well.

Pardwn

Daw dydd y bydd a'i baeddo – yn findeg
Dros gyfiawnder iddo,
Ond tra rhaff, rhy hwyr bob tro
Gwrogi'r neb a grogo.

I Goffáu Richard Rees
(Bwriedir codi maen coffa iddo ym Mhennal.)

Mae alaw ar yr awel – i'w chlywed
Uwchlaw'n crio'n dawel
Am lais tremolo isel
Yr organ fawr â'r gân fêl.

A mab cerdd eto'n cerdded – ei gaeau,
A'i gywair i'w glywed
Yn nhôn yr afon lle rhed,
Fel si felys ei faled.

Yng nghynefin ei linach – sain ei fas
A wna feysydd glasach.
Mae'r gân, lle llama'r geinach,
Byw o hyd uwch Pen-maen-bach.

Cymodi

Yn nydd cam ni bydd cymod,
Heddwch o degwch sy'n dod.

Y golomen wen ni hed
Fry o'r llwch pan fo'r lluched
A rhu'r daran ar dorri
Yn chwythu'n ei herbyn hi,
Fel mai ofer i werin
Godi'r ffens i gadw'r ffin
Yn Israel ymrafaelus
Ein hau baw ac estyn bys.

Adnabod yw cymodi,
Ni phryn cledd ein hedd i ni.

Y Tân Cymreig

Am yn hir bu'r wlad yn aros
I weld coelcerth fawr y cwangos,
Ac o'r diwedd y mae Rhodri'n
Dodi'r fatsien dan yr eithin.

Ond mae'n bwysig penderfynu
O ba le mae'r gwynt yn chwythu,
Rhag i'r gwreichion fynd i'r ydlan
Wrth i bethau ddechrau clecian.

Ac mae ambell i wreichionen
Wedi tasgu o ben y domen,
A rhyw ddisgwyl a wnawn ninnau
Gweld y mwg yn troi yn fflamau.

Cofied Rhodri gymryd gofal
Wrth drin y fforch i bocro'r poethwal,
Cadwed o hyd braich rhag iddo
Ef ei hunan gael ei ruddo.

Ac fel dywed yr hen wireb,
Mae un cwestiwn bach i'w ateb –
Wedi i'r cyfan losgi'n ulw,
Beth i'w wneud â'r cols a'r lludw.

Cwmni

*(Mae penaethiaid cwmnïoedd enfawr
yn Rwsia a'r Amerig ar eu prawf am
gamymddwyn ariannol.)*

Y Cwmni'n tyfu, tyfu
A'r gràff yn codi'n serth.
Y Bòs yn medi'i fonws
A'r Ffwtsi'n nodi'i werth.

Y farchnad yn 'bryderus' –
Rhyw awgrym bach o dwyll,
A'r mesur ar y Ffwtsi'n
Mynd ar i lawr gan bwyll.

Y Bòs â chraig o bensiwn
A llythrennau wrth ei gwt
Yn arwain cwmni newydd
A channoedd ar y clwt.

Pla

(Locustiaid yn Ethiopia.)

I newynu trueiniaid – yr anial,
Er prinned eu tamaid,
Daw o draw yn haid ar haid
Holocóst y locustiaid.

Am y wlad pan ymledant, – yn gwmwl
Ar gwmwl disgynnant,
Troi yn nos y tir a wnânt,
Mae llawr moel lle'r ymwelant.

Yn wybren plant trueni – 'run o hyd
Yw'r niwl nad yw'n codi.
Nid yw ein holl wybod ni
Yn ei ddifa na'i ddofi.

Englynion y Dydd Casnewydd

(Nid pawb a gafodd ei gynhyrchion i focs Barddas mewn pryd yng Nghasnewydd.)

Dydd Mawrth: Y Siartwyr

Yr un o hyd yw'r hanes; – y werin
Yn herio llaw gormes
Am chware teg, mae neges
Dilyn Frost yn dal yn ffres.

Dydd Mercher: Dudley

Yn ddiau mae gastronomi – yn gelf
Mor gain â barddoni,
Gwell wedyn na'ch englyn chi
Fyddai awdlau i Ddudley.

Dydd Iau: Diwygiad

Unwaith daw tân i'r eithin – fe ddaw ef
Iddo'i hun yn fegin,
Ac eto, dro, gedy'r drin
Wres ei rhes yn yr eisin.

Dydd Gwener: Bocs Sebon

Os nad oes rhoi beirniadaeth – i bobol
Y Babell Lenyddiaeth,
Peth od fod rhyw ffregod ffraeth – yn parhau
I roddi oriau ar y gerddoriaeth.

Y Rhybudd Diweddaraf

Mae tipyn mwy o halen yn ein gwaed,
Yn ôl meddygon, nag sydd i ni'n lles,
A'r golofn honno o farmor hallt y gwnaed
Gwraig Lot ohoni'n dwyn ein tranc yn nes.
Mae halen yn ein grawnfwyd yn ystôr
Dunelli, yn ein creision, bara a ham,
O'r felin honno sydd o dan y môr,
A'n lwfans dyddiol ond rhyw bedwar gram!

Os felly, sut roedd pobol oes a fu'n
Goroesi i'n geni ni, ar fenyn hallt,
Sgadan picl a chawl a chig pen tŷ,
A hynny haf a gaeaf, dwi'm yn dallt.
Un ai mae'r halen wedi colli'i flas
Neu mae meddygaeth wedi colli ma's.

Storom Awst
(Galanas Boscastle 17.08.04.)

Mae'n rhyfedd fel mae pawb yn credu bod
Mis Awst yn adeg heulwen a mis gŵyl,
Pan fo fynychaf sydyn storm yn dod
Tua'i ganol i roi taw ar bob rhyw hwyl.
Fel y gwnâi ar gaeau medi oes a fu,
Gan chwalu helem a gwastotu tas,
Cyn dyddiau'r dyrnwr medi a'r cwdyn du,
A gadael sgubau'n glwm o egin glas.

Mae'n siŵr fod gan wyddoniaeth eglurhad
Am y llifogydd – teidiau mawr,
Gwasgedd isel ymhell tu hwnt i'n gwlad
Neu gorwynt o'r Amerig yn dod i lawr.
Ond nid oes neb all ddweud paham mae gwae
Yn dilyn pob gorfoledd – ond fel'na mae.

Y Pwndits
(Adeg y gemau Olympaidd.)

Yn Athen ni bu doethach
Areithwyr, na rhai ffraethach
Ar y sgrîn, na'r rhai a fedd
Rinweddau moderneiddiach.

Ni welwyd buddugoliaeth
Heb fyddin sylwebyddiaeth,
Pwysicach fyth na'r sawl sy'n dal
Y fedal yw'r drafodaeth.

Rhwng oriau eu darogan
A'r cwest ar ôl y cyfan,
Mae'u doethinebu er ein mwyn
Yn hwy na'r gêm ei hunan.

Marathon

Yn ei herbyn ei hunan – yn Athen
Y daeth Paula druan.
Llid na gofid gwlad gyfan
Ni heriai'r 'wal' ar ei rhan.

Waldo

*(Mae'n ganmlwyddiant ei eni
yr hydref hwn.)*

Yr oedd unwaith fardd annwyl
Yn llywio'n llên, a holl hwyl
Y cwmni, ac ni all neb
Ohonom gael ei wyneb
O gof, gyda'r cysgod gwên
Hanner slei, drasi-lawen.

Pryderu am deulu dyn
A wnâi'n wastad, gan estyn
Iddo nawdd ei awen wâr,
A'i weddïau i'r holl ddaear.
Rhoddi'n hael i'r ddau a wnaeth –
Doniolwch a dynoliaeth.

Cyfrinydd cof yr henoes,
A chydwybod od ei oes
Yn plethu i berth ein perthyn
Angerdd ei ing hardd ei hun
Yn ei alar a'i chwarae,
Y byd i gyd mewn dau gae.

Dwrn

Rhaid i ŵr a gâr daro – ei gadw'n
Gaeëdig lle byddo,
Ond rhaid ei agor bob tro
Y tâl i ysgwyd dwylo.

Gadewch i blant bychain...
(Gwaharddwyd y plant rhag rhedeg allan ar gae'r Strade ar hanner amser.)

'Dyw'r plant ddim yn cael chware
Ar borfa Strade mwy,
Mae pobol Health and Safety
Yn gwahardd iddynt hwy,
Pan ddaw yn hanner amser,
Rhag troedio'r ddaear hud
Rhwng pyst y pedair sosban
Lle gwnaed y gwyrthiau i gyd.

Dim mwy y cân' nhw borthi'r
Dychymyg yn y fron
O fod yn Grav a Delme,
Bennett a Barry John.
Dim mwy y cânt ail-flasu'r
Buddugoliaethau gynt
Wrth ochrgamu cefnwyr
Y cof a thaclo'r gwynt.

Rhag c'wilydd i Gywirdeb
Gwleidyddol sbaddu'r iaith –
Dyw e ddim yn beth gwleidyddol,
Dyw e ddim yn gywir chwaith.
Ai rhaid, tra tyf gwybodaeth,
I synnwyr hedeg bant?
Dyw gwahardd plant i chware
Yn ddim ond chware plant.

Y Bae

Unwaith bu'r dociau'n ffynnu
Ar lan y dŵr halen du,
A'r bae â berw bywyd
Drwyddo yn gyffro i gyd.
Ei drigolion drwy'i gilydd
Yn seilio'u ffawd ar sawl ffydd
Mewn Sodom na wyddom ni
Nodau'r gân na'r drygioni.

Cymuned eciwmenaidd
Yn nydd cythlwng blwng y blaidd
Yn byw a marw, yn bod
Yn dyrfa, ac yn darfod.

Wedi'r glo mae dŵr gloywach
Nawr yn y Bae, fymryn bach,
Ac mae fandal cyfalaf
Yn cymoni'r bryntni braf.
Hewlydd hen g'wilydd ar gau,
Villas lle'r oedd hofelau,
A phiazza ger magwyr
Cul-de-sac y ladis hwyr.

Ac yn fforest y gwestai
Bumllawr mawr yn nodi mai
Hon yw dinas dadeni'n
Gwlad, a gobaith ein hiaith ni.
Tre Lundain pob arweiniad
A Pharis pris ein parhad.

Ac er i'r gwybed hedeg
I'w lawntiau heirdd o'i lyn teg,
Mae y Bae'n datgan mai budd
Ei deicwniaid yw Cynnydd.

Ewrostat

(a'r map y gadawyd Cymru allan ohono.)

Mae Ewrop yn ymestyn,
Bydd Twrci'n aelod chwap,
Ac i wneud lle 'dyw Cymru
Ddim bellach ar y map.

Mae'n rhaid, i Mr Kinnock,
Ei bod hi yn gryn slap
Nad yw hen wlad ei dadau
I'w gweled ar y map.

Neu hwyrach iddo gredu
Mai plufyn yn ei gap
Fu rhoddi 'annibyniaeth'
I wlad nad yw ar fap.

Neu fallai'n wir fod ganddo
Ar Parry Bach ryw grap:
Mae digon heblaw Cymru
O wledydd ar y map.

Ac os nad ydyw Prydain
Yn hollol yr un siâp,
Mae rywfaint yn fwy cytbwys
Heb Gymru ar y map.

Pwy'n awr a wâd bod Ewrop
Y freuddwyd fawr yn cr—,
Os nad yw'n medru fforddio
Rhoi Cymru ar y map?

Tanni Gray-Thompson

Yn hanfod ambell enaid mae rhyw ddur
Nad oes a wnelo ddim â nerth a maint –
Rhyw ddi-ildioldeb wrth wynebu'r mur
A fynn ei ddringo, a chyfri hynny'n fraint.
Nid er mwyn ennill rhyw nawddoglyd fawl
Wrth ddiystyru pob niweidiol ddeddf,
Nac am fod ei lwyddiannau iddo'n hawl,
Ond am fod yr ymdrechu ynddo'n reddf.
Megis drwy darmacadam trwch y tyr
Blodeuyn impyn ir heb fwrw'r draul.
Nid eiddo ddewis ond cryfhau pan yrr
Y grym o'r gwraidd ei wyneb tua'r haul
I ffrwytho yn ei bryd a rhoi i'w had
Enynnau ei brydferthwch a'i barhad.

Y Nawfed Ton

(*Mae enwau eraill ar Draeth y Gwyrddon,
Ogo Mali, Pen'rodyn ac Ogo Goron erbyn hyn.*)

Fe fyddai'r tonnau unwaith
Yn sisial yn Gymraeg
Ar raean Traeth y Dyffryn
A'r swnd dan Ben-y-Graig,
Ond pan fâi'r nawfed ton a'i hwrdd
A llif môr-tir yn dod i'w chwrdd.

Ac erbyn hyn mae'r tonnau
Yn rhegi yn iaith y nef
Yn *Dead Man's Gulch* a *Mammoth*,
The Point a *Royal Cave*
Wrth iddynt gwrdd ag ymchwydd hir
Y nawfed ton sy'n dod o'r tir.

Silibods a Walabi

(Clywsom fod rhywrai wedi gweld walabi ar strydoedd Caerdydd.)

Mae rhai yn teimlo'n danbaid
Dros hawliau anifeiliaid,
Ond fe wnaeth cadno dan ei glwy
Eu cegau'n fwy na'u llygaid.

A bu yn gryn embaras
Yng ngerddi ein Prifddinas,
A'r awdurdodau'n ffaelu'i ddal,
Bod walabi o gwmpas.

Sut bu i rai mor beniog
Wneud smonach mor dalentog?
Mae peth gwahaniaeth, dybiwn i,
Rhwng walabi a llwynog.

Ac os oes ban i ddyfod
Ar fynd ar ôl llwynogod,
Ys gwn a gawn ni hawl maes 'law
I hela walabïod?

Rhesymeg yr oes yma

Tra mae'n Lotri ni'n edwino – mae'r Iancs
Yn mawrhau eu gamblo,
Felly i'n mantais byddai, sbo,
Yn syniad cael casino.

Dubya'n gwneud y dwbwl

Mae rhagor o ŵr Laura – o'n blaenau'r
Pedair blynedd nesa,
Mwy mi dybiwn mai Dubya
Ydyw duw yr UDA.

Ar y Sgrîn

*(Bu farw Yasser Arafat a chyfarfu'r pwerau
mawr yn Washington i drafod diogelwch y byd.)*

Heddiw neu ddoe neu echddoe, pwy a ŵyr,
Bu farw hen derfysgwr, yn ôl rhai,
A'r wasg yn arllwys arno'i sylw llwyr
Er iddo fod yn berchen pob rhyw fai.
Onid efe oedd diafol Palesteina
A thad erchyllter holl ferthyron bom
Yr hunan-leiddiaid ym maesdrefi Gaza
A droes Jeriwsalem y saint yn Somme?

A draw yng ngwlad y rhyddid, yr un pryd,
Eiconiaid democratiaeth yn cyd-gwrdd
I guro cefn fod diogelwch byd
I'w weld ar gamerâu o gylch y bwrdd,
Fel pe na byddai'r ubain yn Romallah
Yn cyrraedd hyd ystrydoedd briw Fallujah.

Cofeb
(I Dic Evans ym Moelfre.)

Uwch creigiau Moelfre'n edrych tua'r wawr
Mewn ystum heriol o huodledd mud,
A'i ddwylo ar y llyw, mae cerflun cawr
A wyddai am y môr a'i driciau i gyd.
Fe'i carodd, ac fe'i heriodd droeon gynt
Gan omedd i'w greulondeb fynych brae
Pan ymorffwyllai'r tonnau i sgrech y gwynt,
A'i ddwyn i ddiogelwch pell y bae.

Gan amled y dychwelodd pan oedd gwrec
Yn yfflon sarn yn nannedd creigiau briw,
Heb ddim ond amdo gynfas ar y dec
A gweddi ar y gwynt dros rai o'r criw.
Cyfartal oedd-hi, meddai'r gofeb dlos,
Yn ffeit Dic Ifas *versus* Dafi Jôs.

Ellen MacArthur
(Enillodd ras hwylio rownd y byd.)

Merch y môr a meirch mawrion – diorwel
Eangderau Neifion
Yn herio grym daear gron
Am yr ias o ymryson.

Cornicyllod

(Dywedir eu bod yn prinhau'n rhyfeddol.)

Collais y cornicyllod – ac ofnais
Eu cefnu'n anorfod.
Ond uwchlaw wele gawod
Yn rhyw ddweud fod eira i ddod,

Yn troelli uwch y tir llwm, – a chodi
Ar ychydig reswm.
Awyrlu'r tymor hirlwm,
Criwiau'r cyrch uwch caeau'r cwm.

Callwib! Mae'n fwy fel colled – eu 'pi-wit'
Pitw wrth ddynwared
Ei gilydd, ond da gweled
Y cysgod uchod a hed.

Gwibiant, a'r rhai sy'n gwybod – yn honni
Gall hyn o ryfeddod
Ar fyr dro beidio â bod –
Callach yw'r cornicyllod.

Tywel

Y Groglith sychai wlithyn – Ei arlais
Sgarlad; dridiau wedyn
Mair, gan gwynfan, a ganfu'n
Y düwch gwag gadach gwyn.

Ffan

Yn nyfnder llawr y berllan
Ger y ffos rhoddais gorff Ffan,
Yr ast ffyddlonaf erioed
Yn nihoenedd ei henoed.

Cydymaith triw i'r diwedd,
Glew yn ei gwaith, glân ei gwedd,
Na noethodd ddant ar blant blin
Na chosbi gwalch o hesbin
Erioed, mor dyner ydoedd,
Ond ei hofn ar gathod oedd.

Drwy'r dydd gwyn fy nilyn wnâi,
Hi beunos a'm derbyniai,
Ac mwy nid yw'n gwmni'n dod
Ddyddiau haf gan ddyhefod.
Mae'r buarth heb gyfarthiad
A drws y tŷ yn dristâd.

Trois lygad dall tra gallwn
Ar lesgedd gwaeledd, a gwn
Ei bod hi'n maddau i minnau
Ar ddiwedd oes ei rhyddhau
Yn ei thro, i flawd ei thranc
Gynnal pren afal ifanc.

Y Dyn Piano

Ni wyddai ddim pwy oedd o, – nac arwydd
Na gair ni cheid ganddo,
Ond i alwad y dwylo
Roedd yn y gerdd ei hen go'.

Hen Fardd

Doedd Gelliaraul ddim yn prisio'n ddrud
Wleidyddion ac arweinwyr gwlad a phlwy,
A 'pwdin o'r un badell 'yn nhw i gyd'
Oedd ei feirniadaeth bigog arnynt hwy.
Ac felly, ym marn bro, er glewed oedd
Ei ymadroddi ffraeth a'i farddol ddawn,
Tipyn o sinig yn gwneud sbloet ar goedd
Y bernid ef, heb fod yn llathen llawn.

Bu farw ers blynyddoedd, ond ys gwn
Ai teg yw dweud mai siarad drwy ei het
Bob amser a wnâi'r hen eiriogwr hwn?
Waeth pe bâi'n dod i'r pwynt, mi gymrwn fet
Mai pwdin o'r un badell, fwy neu lai,
A gawn ni eto pan ddaw lecsiwn Mai.

Meibion Darogan
(Enillodd ein tîm rygbi'r Slam Fawr.)

Bu disgwyl am ryw Arthur neu Lyndŵr
I ddod i godi'r henwlad i'w hen fri
Ers llawer canrif, a'r proffwydi'n siŵr
Y torrai eto wawr ei mawredd hi.
Ond mynych siom y dadrith oedd ei rhan,
A'r fory gwell yn rhith o hyd, o hyd.
Gobeithion ofer yn fil chwerwach gan
Ddibristod rhonc a sgorn pwerau byd.

Pa les cwhwfan baner yng Nghaerdydd
A Chennin Pedr ffug, a rhuo cân
O'r hanner cof i esgus cadw'r ffydd
Fel pe bai'n fodd i ail-fegino'r tân?
Mae hwnnw'n ôl pob sôn ar oeri'n llwyr,
Ni thyf fyth eto'n fflam. Ond pwy a ŵyr.

Stori Llwyddiant

Ddeng mlynedd 'nôl roedd Pwll y Twr yn cau
A'i gannoedd glowyr yn wynebu'r dôl.
Problemau geolegol, yn ôl rhai
A ddylai wybod – doedd dim glo ar ôl.
Ac yna dyma fois y gaib a'r rhaw
Yn cymryd ato'n gwmni ar y cyd
A'i gael i dalu'r ffordd, a maes o law
Roedd gobaith eto i bwll hyna'r byd.

Tra methodd Grym y Farchnad cred y Dde
Ddiogelu cyflog a chysondeb gwaith,
Doedd y Gwladoli a ddaeth yn ei le
O ffydd y Chwith fawr mwy o lwyddiant chwaith.
Ond mae rhyw bŵer nad oes mo'i nacáu
Yng Nghydweithrediad tipyn bach o'r ddau.

Bu Farw Ifor Owen

Mab parch oedd ef ym mhob peth, – a'i alar
A'i hwyl yn gydgymhleth.
Heb elyn, fe fu'n ddi-feth
Yn bur agos i'w bregeth.

Llinynnau'r babell bellach
O bwyth i bwyth gan bwyll bach
Yn datod, a'r cysgodion
Yn ymyl lwyd am y lôn
O Dalar oedd yn arwain
Yn dawel i'r gornel gain,
Yn ôl at ei anwylyd
A'r rhodd a gollodd gyhyd.

Brawdoliaeth

(Llun Aneurin Jones a gododd ddeng mil o bunnoedd i elusen.)

Dwi'n nabod eu hwynebau
A golwg eu gwegilau –
Ni wn i ddim mo'u henwau.

Y rhain yw'r tri ohonof
A thithau, yn cynnau cof
A dihuno doe ynof.

Rhain yw cedyrn cawodydd
Awel fain ar ael fynydd
A brith gof am berth gyhûdd.

Rhain yw dwylo'r hen dalent
Gyda'r fedel pan elent
'Slawer oes i hel y rhent.

Hwy yw'n galar ein gilydd
A ddeil y don pan ddêl dydd
Yr hen waeau o'r newydd.

Y gweld sy'n ddeall i gyd
A'r amgyffred di-ddwedyd
Sy o fewn y wefus fud.

Cwmni'r cwrdd gweddi a'r Gair
A seiad Cerdd y Gadair,
A rheg a pheint ar ga' ffair.

Nid cadernid cau dyrnau
Yw un gwerin y gwarrau,
Ond byw erioed i barhau.

Pe baem yn gasach pobol – fe fynnem
Fynydd hynt yr ebol
I weinyddiaeth dragwyddol
Gwerin Aneurin yn ôl.

Hen Wirebau

Os yw'r cae yng ngolwg dynion,
Tria agor cefen union.
Ond os yw mewn llecyn unig,
Nid yw cefen syth mor bwysig.

Cymer bwyll, yn lân dy arad
Ac o'r marc na thynn dy lygad,
Neu fe fydd dy gwysi'n clapian
Dros ben clawdd wrth ardal gyfan.

Prin yw'r cnwd ar hafau sychion,
Ond mae'i fedi'n hwylus ddigon.
Pan fo'r cnwd yn drwm, fynycha'
Bydd gyfatal y cynhaea.

Rhaid oedd mynd, yn fy llencyndod,
Draw i'w gywain cyn dôi'r gawod.
Ond yfory doed i fwrw
Mae 'na gwdyn mwy'n ei gadw.

Clywn gan rai rhyw siarad segur
Am ogoniant oes y bladur.
Ond does neb sydd yn ei chofio'n
Dewis gweld ei thebyg eto.

Michael Jackson

Athrylith frith ei frethyn, – a'i golur
Yn g'wilydd ei gyd-ddyn,
Waeth dan y wisg, i'r plisgyn
Nid yw'n hawdd troi du yn wyn.

Teisen i'r Tywysog

Mae'r deisen flasusaf a wnaed ers y cwymp
Ar farchnad Caerfyrddin – tair punt naw deg pump.
Etta yw'r pobydd a Llansteffan yw'r lle,
A galwodd y t'wysog ryw ddiwrnod i de.
A thyngu wnaeth hwnnw na phrofodd erioed
Yn Highgrove na'r Palas ei hun, hyd yn oed,
Ddim byd mor nefolaidd pan ga'dd dan ei ddant
Y deisen a wnaed o'r risêt hanner cant.

A chan fod priodas yn awr ar y gweill,
Ac er mwyn cael bod yn wahanol i'r lleill,
Archebodd gryn ugain i'r gwahoddedigion,
A'r rheiny i gyd gallwch fentro'n bwysigion,
Waeth canwaith blasusach na'r holl gafiâr
Gan ffrindiau Camilla yw teisen Sir Gâr.
A gobeithio yr ydym na wnaiff neb y mistêc
Ynghanol y miri o'i galw'n Cwîn Cêc.

I Lansteffan yn awr daeth teledu digidol
Ond nid hynny yw achos llawenydd y bobol,
Na'r ffaith y cânt wylio rhaglenni yn rhad,
Ond fod llun teisen Etta i'w weld dros y wlad.
Pob llwyddiant i'r fusnes, yn wir cafodd rhai
Lythrennau yn dilyn eu henw am lai.

Diwrnod i'r Brenin?
(Marw'r Pab a phriodas Charles a Camilla.)

Diwrnod mwya'r deyrnas, – nes i Bab
Sbwylio sbort y syrcas.
Ond ers hydoedd roedd rhyw ias
Hwdw i'r holl briodas.

Elusen

Troi'n digon yn haelioni – yw ein lle,
A'n llwydd yn dosturi.
Annoeth y wlad na thâl hi
Ei dyledion i dlodi.

Boed i gyni'r peithdir pell – a'i eisiau
Affwysol ein cymell
I agor, bawb, ei logell
I rywrai gael fory gwell.

Ni welwn o'n byw helaeth – eisiau punt
Sbâr ei materoliaeth.
Ond fe all, i'r rhai di-faeth,
Dwy geiniog wneud gwahaniaeth.

Sgwbidws

Fynychaf yn fy mhoced gynt yn grwt,
Ynghyd â marblis, blacled a blawd lli'
A'r gyllell boced ddeunaw, byddai pwt
O gortyn neu o garrai, a chawn sbri
Wrth ddatod a dolennu clymau slic
Yn dorchau o allweddi a chael gwŷs
I ddysgu i'm cyfeillion yr hen dric
O dynnu'r llinyn gwyrthiol drwy bum bys.

A hwythau'r merched wrthi'n ddi-ben-draw
Yn plethu'u gwallt, neu gadwyn blodau'r cae,
Neu'n poeni'u mamau am gael trio'u llaw
Ar weill mamgu a dysgu honno i wau.
Fe'i marchnatawyd erbyn hyn wrth gwrs,
Cychwyn pob chwarae mwy yw agor pwrs.

Mae'n rhaid ei bod hi'n wanwyn

Mae'n rhaid ei bod hi'n wanwyn,
Mae'r mowers wedi cychwyn
A'r barbeciw o dan y berth
A'r post Ar Werth yn dilyn.

Mae'n rhaid ei bod hi'n wanwyn,
Mae gwŷr y cotie melyn
Yn codi'r tar ar hewl y dre
Er mwyn rhoi'n ôl e wedyn.

Mae'n rhaid ei bod hi'n wanwyn,
Bydd lecsiwn ym mhen tipyn,
A Mister Brown a Mister Blair
Yn ffrindie, medde rhywun.

Mae'n rhaid ei bod hi'n wanwyn,
Mae plot i godi bwthyn
Yn Aber-soch yn codi'n serth
A'i werth wrth y tywodyn.

Mae'n rhaid ei bod hi'n wanwyn,
Ar ôl bod oes yn canlyn,
Rhag iddynt fynd yn nain a thaid
Bu raid priodi'n sydyn.

Polîs Iaith

Roedd ar y wal mewn sgrifen fras
A'r glaw bron iawn â'i olchi ma's,
Ac fe ges i gryn bryder meddwl
Cyn medru ei astudio'n fanwl.

A roddodd rhywrai gamra cudd
I'n harolygu nos a dydd?
Oes 'na gywirdeb anwleidyddol
I warchod mwy ein ffin ieithyddol?

Ga'i fynd i garchar ar fy mhen
Am ddyblu (neu am beidio)'r 'n',
Neu a fyddwn yn 'bound over'
Am fentro treiglo fy mhwlofer?

I fardd fel fi, a fyddai ffein
Am iwsio geiriau yr iaith fain,
Neu'r Llwyni Wermwd pe cawn fy nal
Yn cuddio weier mewn rhyw wal?

A gawn i fynd i Nant Gwrtheyrn
Am gwrs rehab mewn cyffion heyrn,
Neu gyfnod mewn cywirol uned
Am ddryllio heddwch y gymuned?

Ond na! 'doedd angen i mi fecso,
Y glaw dros nos oedd wedi stecso'r
Holl raffiti a dwyn yr 'i'
A wnâi bolîs yn bolisi.

Canwr y Byd

Pan fyddo'r dydd ar droi, pan grygo'r cogau
A chilio ohonynt eto tua'r De,
Bydd nodau eraill yn dod at ein glannau
O bedwar ban y byd i lenwi'u lle.
Y naill ar gamp y llall am gael rhagoriaeth
Mewn seinberusrwydd yn ngheginau gwlad,
A gwerthfawrogi'u camp mewn cystadleuaeth
Yn cwbwl lenwi costrel ein boddhad.

Cyfaredd sain ac alaw yn mynegi
Tymhorau'r galon yn ei gwae a'i gwên,
A gloywder eu celfyddyd yn digoni
Dyhead enaid, nad yw'n mynd yn hen.
Pawb y bo ceinder lleisiol at ei ddant,
Tiwnied i donfedd Neuadd Dewi Sant.

Coffi a The

*(Mae'n debyg yr yfir mwy o goffi
nag o de bellach.)*

Nid yw Morgan yn canu
Ei alaw bert fel y bu,
Nac wrth wasgar ei aria'n
Paratoi poeri i'r tân.

Mewn oes a droes yn ei dro
Y tebot yntau heibio,
Nid yw poeni gwneud paned
O ddail India'n rhan o'i chred.

Coffi ebrwydd mewn swyddfa
Mwy yw'r norm ar nawn o ha'n
Dod yn barod o beiriant
A hwnnw'n dwym at ein dant.

Hwylustod, nid blasuster
Yw hi mwy, fe aeth i'n mêr.

Angladd Gwleidydd
Wedi'i hir ddiystyru – yn eu du
Deuent i alaru.
Mor hawdd yw ymarweddu
Ar fedd y glewder a fu.

*Clywsom fod canu
mewn côr yn iachusol*
Mae meddygaeth mwy yn dwedyd
Bod y gân yn lles i'n hiechyd,
A'n rhai doethion ni o'r diwedd
Yn darganfod hen wirionedd.

Y mae'r 'côr a ga'dd y wobor'
I chi'n well na'r gampfa ragor
Er mwyn 'marfer eich ysgyfaint
A gwella'ch anadl yn eich henaint.

Wrth ystwytho falfiau'r galon
Mae'n lliniaru eich gofalon,
Ac mae rhuo'r *forte* ddwbwl
Yn foddion bywiocáu eich cwbwl.

Y mae cymaint budd mewn miwsig
Ag sydd yn y wers aerobig,
Felly ffeindiwch gôr pensiynwyr –
Y mae'n rhatach, ac mae'n synnwyr.

Beth sydd mewn enw?

Mae'n flwyddyn y Dylanod, siŵr o fod,
A'r un o Abertawe yn dduw bach
Sy'n haeddu gennym bob rhyw fawl a chlod,
A'r neb a faidd ei farnu'n codi crach.
Serch llithro heibio'r hanner canrif fud
A chydgymysgu'r stori ffug a'r ffaith
Y mae'r fytholeg ar ei thwf o hyd
Heb fawr o argoel ei gwanhau ychwaith.

Ac ar lwyfannau'r Faenol gwelsom ddau
Sy'n gymaint crefftwyr gair ag o,
Na wnânt, serch hynny, ddim ond cadarnhau
Fod dawn yn troi'n athrylith – yn y co'.
Gwrogaeth deuddeg mis rhyw fil neu ddwy
Fydd eithaf anfarwoldeb iddynt hwy.